어둠 속에서도 빛이 고이는 삶의 평화

어둠 속에서도 빛이 고이는 삶의 평화
문학과사람 산문선

―――――――――――――

초판 1쇄 발행 | 2024년 11월 20일

지 은 이 | 김혜란
펴 낸 이 | 김광기
편집주간 | 박현솔
제작실장 | 김병훈
펴 낸 곳 | 문학과 사람
등록번호 | 제2016-9호
등록일자 | 2016년 7월 22일
주　　소 | 경기도 시흥시 하상로 36 금호타운 301-203
　　　　　 서울시 마포구 성미산로 1길 30, 2층
전　　화 | 031) 253-2575
전자우편 | poetbooks@naver.com
홈페이지 | http://cafe.daum.net/yadan21

ISBN 979-11-93841-24-2 03810

값 20,000원

* 이 책은 전부 또는 일부 내용을 재사용하려면 저자와 '문학과 사람'의 동의를 받아야 합니다.
* 이 도서의 국립중앙도서관 출판도서목록은 서지정보유통지원시스템 홈페이지(http://seoji.nl.go.kr)와 국가자료공동목록시스템(http://www.nl.go.kr/kolisnet)에서 이용하실 수 있습니다.

어둠 속에서도 빛이 고이는 삶의 평화

김혜란 시 · 산문집

■□ 작가의 말

"나는 세상의 빛이니
나를 따르는 자는 어둠에 다니지 아니하고
생명의 빛을 얻으리라" 하는
말씀을 따르며
결혼 전까지 친정아버지
말씀에 순응하며 아버지 말씀을
하늘의 말씀으로 알고 순종하며 살았다.
결혼해서 많은 갈등 속에서
힘들었지만
하늘의 말씀을 마음속 깊이 담으니
지혜와 인내, 사랑을 알게 되어
생명의 빛을 보며
삶의 평화를 느끼며 살고 있다.
살아볼 만한 세상, 아름답지 아니한가.
모든 것이 참으로 감사하다.

2024년 11월에 김혜란

차례

1부 詩 _ 기억 속의 그대

그리움 – 19
기억 속의 그대 – 20
오월은 여왕 – 22
찬미의 5월 – 23
약속 – 24
그리움 2 – 26
동행 – 27
가을비 – 28
세월이 흘러서 – 30
친정어머니 – 32
커피 – 33
천년의 사랑 – 34
꽃은 피고 지고 – 35
전율 – 36
그리움의 비밀 – 38
눈이 부신 아침 – 39
고해 속의 장미 1 – 40
고해 속의 장미 2 – 41
사랑의 강물 – 42
소년이여 – 43
지는 해 – 44
인생 – 45
목소리 – 46
이별 – 47
사랑의 비 – 48

2부 散文 _ 삶의 진가를 맛보는 것

경쟁과 순수 – 51
건강과 확신 – 52
오지랖 – 54
격려하는 직장문화 – 55
생활 철학 – 56
사소한 일 – 57
삶의 태도 – 58
나의 성격 – 60
외국으로 가는 방법 – 62
희망의 기다림 – 63
컨디션 난조 – 64
직장을 떠나다 – 65
결혼의 조건 – 66
결혼하고 보니 – 67
부모님 전 상서 – 68
결혼의 의미 – 70
삶의 진가를 맛보는 것 – 72
80년대의 생활 – 74
천사와 여자 – 76

분만 예정일 – 77
밤중의 화재 – 78
나를 속이려 들다니 – 80
출산을 기다리는 나날들 – 82
자식 된 도리 – 83
고부갈등 – 84
비슷한 환경 – 86
혼인신고를 한 김에 – 88
신의 선물인 아이 – 90
아이가 주는 기쁨 – 92
건너뛴 돌잔치 – 93
9년이 흐른 뒤 – 94
동생 선란이의 결혼식 – 95
화투를 그렇게 좋아하다니 – 96
결혼 후 첫 취직 – 98
오월의 초입에서 – 99
선란이가 엄마가 되다 – 100
요즘 아이들은 지혜로워 – 102

3부 散文 _ 고통을 통해 진리를 찾다

남자로 태어났더라면 – 107
남편이라는 인연 – 108
아버지가 폐암에 걸리다 – 110
시어머니는 세상에 안 계신다 – 111
아버지의 부고 – 112
시어머니 묘 앞에서 – 113
수술을 잘 마치다 – 114
영원한 삶과 영생의 삶 – 116
신길동으로 이사하다 – 118
남편에 대한 사랑 – 119
너무 그리운 부모님 – 120
우울의 원인 – 122
하나님의 은혜와 순리 – 124
생명 존중과 외래문화 – 126
서로 닮은 자연과 인생 – 127
내가 좋아하고 나를 좋아해 주는 – 128
자연에서 떠올리는 꿈들 – 130
항상 복을 주시는 주님 – 132
IMF의 후유증 – 133

고통을 통해 진리를 찾다 – 134
가을의 냄새 – 136
사랑은 숙명적인 것 – 137
부러울 것이 없다 – 138
만남의 의미 – 139
고난이 많은 인생길 – 140
자연과 음악의 공통점 – 142
마음이 태평한 날들 – 144
날씨에 좌우되는 감정 – 146
빈자리를 채워주는 남편 – 148
문화적인 차이가 비슷해야 해 – 149
시인과 예술가의 길 – 150
생을 관조하는 마음으로 살다 – 152
어버이날을 맞아서 – 154
조건 없이 아름답게 – 156
성년의 날을 맞다 – 157
마음을 글로 표현하는 것 – 158
너무나 아름다운 대자연 – 159

4부 散文 _ 서로 끌어주고 안아주어야

문화적인 격차 – 163
소망이 이루어질 거라는 확신 – 164
설렘에 대해서 – 166
더 높이 올라갈 수 있도록 – 168
한 끗 차이인 것 같아도 – 170
살아있다는 것 – 172
두드리면 열릴 것이다 – 174
화성 어린이 캠프 사고 – 176
과거의 것에 집착하고 사랑하다 – 177
거짓 봉사와 선행 – 178
추석을 앞두고 – 180
국회의원의 신념 – 182
아버지가 즐겨 부르던 노래 – 183
어버이날을 맞아서 – 184
남과 북 정상의 역사적 만남 – 186
군대에 간 큰아들 – 188
서로 끌어주고 안아주어야 – 189
운명적인 만남 – 190

마음속의 성공 – 192
신원보증 – 193
포기하지 않는 이유 – 194
세상에서 오래 살아남으려면 – 195
가을의 길목에서 – 196
아름답고 적절한 말 – 198
김대중 대통령, 노벨평화상을 받다 – 199
한해의 끝자락에 서서 – 200
그리움은 사람의 특권이다 – 202
천상병 시인 8주년 추모제 – 204
좋은 글을 써서 정진하라는 – 205
드디어 재개발 지역이 되다 – 206
내가 학원 선생님이 되다 – 208
나이는 숫자에 불과하다는 말 – 209
자식에게 기대는 세상은 사라졌다 – 210
큰아들과 3년 만의 통화 – 211
그저 기도밖에 없어서 – 212

5부 散文 _ 아직 늦지 않았으니 행동하라

아직 늦지 않았으니 행동하라 – 217
사랑하는 친구들과 함께라서 – 218
줄 사람한테 줘서 마음이 흡족하다 – 219
산다는 것은 – 220
신앙의 본보기 – 222
사업주만 좋은 일 시킨다 – 223
팔자 하나는 금 방석에 앉았다 – 224
늦은 갱년기 – 226
감정의 결이 같은 사람 – 227
여행으로 삶의 질이 높아지다 – 228
건강을 잃으면 다 부질없는 것 – 230
사업자등록증이 나왔다 – 231
마음을 지혜롭게 하는 말씀 – 232
가장 감동적인 시 – 234
내가 좋아하는 돈 – 236
직장생활을 정리한 남편 1 – 238
직장생활을 정리한 남편 2 – 239
내 남편은 천사다 – 240
카타르 월드컵 4강 진출 실패 – 242

실업 급여를 신청하다 – 244
몸에 안 좋은 음식을 알게 되다 – 245
가족들의 건강과 언니의 안부 – 246
71살이지만 마음은 봄 처녀 – 247
퇴직 후의 남편 모습이 낯설다 – 248
비 오고 구름이 달을 가린 보름날 – 250
없어선 안 되는 비타민 같은 음악 – 252
노아의 방주 궤를 짜듯이 – 253
내가 좋은 일을 만들어가는 것 – 254
삶을 후회 없이 살라는 말씀 – 256
삼십 대 중반에 세상을 떠나신 엄마 – 258
소화가 잘되지 않는 이치를 깨닫다 – 260
이래서 시니어 소리를 듣는가 보다 – 262
내세에도 함께 할 못자리를 예약하다 – 263
헨리 데이비드 소로우와 Bee Gees – 264
콩나물국밥 – 265
아버지와 술 – 266
용서는 나를 구하는 방편 – 268

1부
詩

기억 속의 그대

그리움

밤이면 찾아오는 그리움
보고 싶고 또 보고 싶고
멀리 그대 있는 곳으로
향기를 날리지만 그리움은
오지 않고 아무런 대답도 없다
하지만 기나긴 시와 분초가
내 곁에 있기에
봄에 내리는 짙은 향기보다
시와 분초의 향기가 더
짙고 무겁게 곁에 있다
하늘에 떠 있는 별이여
오늘도 멀리에 있는 그대,
내 곁에서 무겁게 깊게 있어 주길
간절히 바라오
오늘도 내일도 영원 속에서
같이 하여 주길 바람이여

기억 속의 그대

그대 어느 곳에 머물지라도
나 여기 그대를 생각하오
그대의 미소 하나하나까지도
가슴속에 간직한 채
그대 흘리는 눈물에
나의 가슴 애타지만
해가 가고 달이 가도
나 여기 백발이 되도록
그대 기다리리다

흘러간 지난 시간들 다시 찾으리

하늘 가득 오색 노을
점점이 뜬 고깃배
춤추는 갈매기 부서지는 흰 파도
아름다운 이 광경, 꿈 같은 어린 시절
하늘 가득 오색 노을

떨어지는 둥근 해
이 저녁 이렇게 가도
내일은 또 우리 앞에
붙들고픈 시간들
아름다운 어린 시절

오월은 여왕

너의 아름다움에 나의 아름다움도
고개를 숙여진단다
계속 나에게 찬사를 아끼지
않았던 나의 아름다운 모습에
나의 모습도 오월의 여왕께
고개를 숙일 뿐
대추, 고추, 호박, 치커리, 상치, 푸르게 잘 자라준다
흙에 심은 지 불과 며칠인데
주님의 조화에 감사할 뿐이다

찬미의 5월

마음속 깊은 곳까지 파고드는 그는
저 햇살을 바라보며 나와 공유하고 있는지
맑고 깨끗한 잊지 못할 5월
그 어떤 말로도 표현할 수 없으리만큼
아름다운 경지를 계속 가고 있다
가장 아름답다는 그 어떤 보석도
5월에게는 無言이라고, 아무런 답이 없다
벌거숭이의 아름다운 나의 몸
나는 벌거숭이로 다시 태어날 것이다
아름다움의 경지, 지금과 같이 손잡기를
5월과 나는 병행해 길을 걷는다

약속

회색의 강촌을 지나 무지갯빛 다리 위로
오늘 밤에 그 별은 오고 있습니다

별은 약속이나 할 것처럼
나의 입가에, 귓가에 머물렀습니다

영원을 약속하며 나는
옷을 벗었습니다

마음도 벗었습니다

오늘도 내일도 별은
무지갯빛 다리 위로

내 곁에 머물 것입니다
청량한 별이여!

〈
나의 입가에, 나의 귓가에
오늘도 평화를 주소서

그리움 2

아침에 눈을 뜨면 당신을 그립니다
저녁에 눈을 떠도 당신을 그립니다

눈을 뜨면 당신과 마주하며
백옥과 같은 하얀 손에, 붉은
당신 손과 마주합니다

둘이는 말없이 서로 용트림을 하며
입술과 입술로 나눈답니다

보고픈 그대
나는 그리움으로 하루하루를 산답니다

당신의 눈 속에 나의 그리움은
영원히 머물러 있습니다
당신은 그 사실을 알고 있습니다

동행

당신은 나를 볼 수 없어도
나는 당신을 볼 수 있습니다

당신을 만나지 못한다 해도
나는 당신을 만날 수 있습니다

당신이 내 곁에 없어도
당신은 항상 내 곁에 있습니다

당신과 입맞춤을 못 한다 하여도
나는 당신과 입맞춤을 하고 있습니다

매 순간마다 느끼고 있답니다

그것이 사랑이라는 것을 나는 믿습니다
이것이 동행입니다

가을비

가을의 비가 어서 오라 하네
손짓을 한다

여름의 길은 저쪽으로 비끼고
가을은 이리로 오고 있다

마치 내가 초대한 것처럼
강촌은 가을로 오고 있는데

그의 마음은 가을 길로
오고 있는지

빗물이 가라앉으면서
가을에 바람은 촉촉이 스며들며
마음을 적신다

오늘의 가을이 눈에 보이는

길목에서 살며시 그의 이름을
불러본다

가을의 첫머리에서
비를 바라보며 생각에 잠겨본다

세월이 흘러서

강촌을 지나 춘천에서 내려
마음은 설레었다

혹시 세월이 마음을 잊었는지
마음이 세월을 잊었는지

춘천의 바람은 차가웠다

달리는 열차 안에서 까무러치듯
웃어대는 남녀들

세월이 흘러서
그들도
혹시나
세월이 마음을 잊을까?
마음이 세월을 잊을까?
〈

세월이 흘러봐야 알겠지
많은 시련과 아픔의 벽에서 울 것인가

세월이 가듯 마음도 많이 아파야 하겠지

친정어머니

몸 약한 나를 업고 안고
혹시라도 더 아프지 않을까
노심초사 이 딸을 애지중지해주셨던
어머니,
유치원에 보내시면서
집에서부터 유치원까지 바래다주셨던
어머니,
혼자서 유치원에 갔다 오면
대문 앞에 쪼그리고 앉아
이 딸을 기다려주셨던
나의 어머니,
그 후론 누워계셨고
어린 나의 눈에
엄마가 너무나 힘없어 보였던
나의 친정어머니,
그립습니다, 나의 엄마

커피

커피잔 속에 얼굴이 보인다
나의 큰아들
나의 작은아들
그리고 귀천으로 가신 친정아버지
살아있음에, 커피잔 속에는
그리운 얼굴들이 들어있다
그리운 얼굴
한 사람 두 사람
그리고 나도 커피잔 속으로 들어간다
커피를 마신다
마시는 즐거움, 그리움이여

천년의 사랑

이십일 년이 천년이라는 것을 알았네
새까만 수고의 손에서
귀갓길 돌아오는 남편의
수고로운 땀 냄새 속에서
아침 식사를 못 하고도 배가 부르다는
남편의 웃음 속에서
이십일 년의 생활 속에서
땅만큼 하늘만큼 사랑의 두 팔을
활짝 펴고 만세를 부르는
인자한 모습에서
등을 돌리는 내 뒤통수를 보며
잠에 드는 남편을 보고 사랑이라는 것을
천년의 사랑이라는 것을 깨우쳤네

꽃은 피고 지고

꽃의 만개와 같이

우리도 만개와 같이

화들스레 피어 있다

꽃바람 속에 꽃은 흔들리고

우리네 인생도 흔들리고

바람 속에 인생 속에

꽃은 피어서 흔들리고

삼라만상 피었다 사라진다

전율

작은 떨림이 온몸으로 전이됨을 느낀다

새로운 감정 새로운 떨림
생각만 해도 좋은 그 이름

가을 깊숙한 곳에,

그 이름과 가을 낭만과 함께
흠뻑 젖는다

순간 떨리는 전율에 나를 주체하지 못하며
멍하니 하늘에 초점을 맞춘다

오색으로 붉게 물든 가을을
온몸으로 물들어 보련다
듣기만 해도 생각만 해도

얼굴이 상기되는 그 이름,
가을에는 팔짱을 끼려 한다
아주 꼬옥

그리움의 비밀

그리움이 마음속에 잦아들어
주체하지 못할 때

나는 울어야만 했다

그리움을 그리움으로만 그쳐야 하기에
이것도 삶의 한 방법이겠지

삶이 있기에 그리움도 있다

삶에서 가장 본이 되어야 하는 것은
나는 나이기에 참아야 한다는 것

참는 것이 다수이겠지만

그리움을 참는 비밀의 통로를
나는 알고 있다

눈이 부신 아침

햇살이 부서지는 아침
나의 등을 받쳐주며
어깨를 감싸 안는다

어미가 아기를 포근히 안아주듯
뜨거운 햇살을 안고 하늘을 주시했다

나와 눈이 마주치며 내가 무엇을
말하려는지를 하늘은 알고 있었다
고개를 끄덕인다

나를 알아본 것이다
부서지는 햇살보다 더욱
눈부시게 나를 쳐다보았다
나는 부끄러워 눈을 가렸다

고해 속의 장미 1

망망대해에
고해에 핀 한 떨기 장미
대해를 노 저어 가다
장미를 알아보지 못하고
앙상한 가지만이 떨고 있다
가시는 몸부림치다 대해 속에
갈가리 찢기어 파묻혀간다
과연 고해 속의 장미는
다시 피려는지

고해 속의 장미 2

한 떨기의 장미
외로이 바다에 떨고 있다
누구의 보호도 받지 못한 채
바다 너는 과연 고해이런가
고해 속의 장미거든 그곳에서
피지를 마라
수평선 저 너머에
내가 피어나게 하여 주리
아름답게 가꾸어 주련다

사랑의 강물

사랑은 흐른다
비를 맞고 흐르고
눈물 맞고 흐르고
기쁨을 맞으며 흘러간다
사랑은 그대로 멈출 수 없는지
사랑을 그 자리에서 그대로
멈출 수 있게
마음의 강물아 멈추거라
이 사랑
이대로 멈출 수 있게

소년이여

열정 속에 목이 메인 너
숨구멍을 열어놔야
숨을 쉴 수 있을 텐데
섬 속에 갇혀있는 소년이여
어찌하여 열정 속에 있는
이 사실을 모르는 것인가
세상 속에서 묻혀
외면할 수밖에 없는 것인지,
열정은 지금도 흘러야 하는데
그 사실을 모르고 있다
외면할 수밖에 없는 사실에
목이 메일 뿐이다

지는 해

지는 해의 모습이 점점 일그러져 간다
쪼그라져 있는 모습이 아름답다
지는 해여
모습이 일그러지고 쪼그라진다 해도
건장한 아우라 아직 남아있다
처음에 나를 주시하던 그 모습이
내 마음에 아련하여
지금 모습이 초라해져도
나에겐 가득히 남아있다
내일은 처음 모습 그때처럼
너에게 가득히 꽃다발을 안겨주련다
빛나는 꿈처럼 영원할 수 있게

인생

큰 강물의 물줄기를 빠르게
움직이는 스키보드
물살을 가르며 힘차게
물줄기를 뿜어내는 건장한 사내
모든 삶을 물 위에 인생을 걸었다
여름이 지나 가을이 오면
저 사내는 그 물줄기를
시원스레 가를 수 있을는지
나도 건장한 체격이라면
이 험난한 세상을
그 물줄기에 인생을 걸 텐데

목소리

그대 목소리는
울림이 좋아 한번
말을 뱉어내면 내 몸을 적셔
긴 여운을 남긴다
저쪽에서 오고 있다
그가 손짓을 한다
환한 웃음을 보이며
긴 여운을 남긴 것처럼
오늘도
그 목소리에 정기가 있을는지…

이별

자리 굳힘을 하려면 이별을 해야 한다
이별은 예정된 것이기 때문에
나로선 어쩔 도리가 없다
긴 머리로 님의 손목에 칭칭 엮어
붙잡아 매여 놓고 싶지만
긴 머리가 마음에서 점점 멀어진다
이별은 아쉽지만, 이별이
나와 가까워져 간다
겨울을 아쉬워하듯 입춘이 지남에도
바람이 매섭게 불어댄다
겨울에 봄이 오니
우리 집 철쭉꽃이 만개했다
겨울에 봄이 오는데
다른 만남을 위해선 어쩔 도리없이
이별을 해야 한다, 님이여

사랑의 비

사랑은 숨을 쉬고 있다
비를 맞으며,

굵은 빗줄기 안에는 사랑이
비를 맞으며 호흡을 한다

그리움에 사랑은 비를 맞으며 보고 있다

목말랐던 그리움이
비에 흠뻑 젖어 나를 본다

흙이 된 육신은 영혼이 숨을 쉰다

영혼은 오늘 비를 맞으며
그리워한다, 사랑을

2부

散文

삶의 진가를 맛보는 것

경쟁과 순수

　생존한다는 것이 살아나간다는 것이 무척 어렵다는 사실이 요즘에 와서는 절실히 느껴지는 것 같다. 사람이 행해야 할 윤리관이나 도덕관에 대해 의식적으로 따라야 한다는 강박관념에 사로잡힌 요즘이다. 그래서 무의식적인 경지에서 헤매고 싶은 욕망이 남몰래 샘솟는 것을 느낄 수가 있다. 농촌에 푹 파묻혀서 속세와는 별개의 세계로 걷고 싶고 이젠 경쟁이 싫어졌다. 아무 생각 없이 순수함을 찾고 싶고 자연으로 돌아가고 싶다. 일상에서 자연스럽게 흘리는 수고의 땀은 인생을 흐리게 만들지 않을 거야. 보다 나은 세계로 이끌어서 희망의 결실을 맺게 해줄 거야.
　사람은 눈물 속에서 성장하고 삶의 진가란 고통 속에서 맛본다고 하는데 그 말이 진실인 것을 조금은 느낄 수 있는 것 같다. 사회의 경쟁 속에서 나 자신을 찾으려고 무척 노력하고 심혈을 기울였음에도 아직 때가 덜 묻고 사회의 물이 덜 든 것 같은데 곧은 자세로 의지를 세우고 행동을 해온 것들이 사회와 너무 동떨어진 것일까? 순수한 열아홉 살의 그때와 지금이 다를 바가 없으니 독서를 즐기고 나의 업무에 최선을 다하며 묵묵히 살아가는 것 그것이 내가 바라는 것이다.

건강과 확신

　운명은 자신이 개척해야 한다는 사실을 되뇔 때마다 나의 건강에 대해 자신을 잃을 때가 있다. 오늘 호흡하는 데 답답함을 느끼면서 점심 식사를 하는데 호흡이 정확하지 않고 생명에 위협을 느끼니까 좀 무서워졌지만 나 스스로를 달래며 업무에 충실하려고 애를 썼다. 사람이 사는 데 있어서 건강이 가장 중요한 조건이라는 말이 맞다. 그러니까 신경을 좀 죽이고 둔하게 행동하자. 여러모로 너무 신경을 쓰는 것 같다.
　내가 하기에는 너무도 힘에 겨운 생활의 압력에 못 이겨 쓰러질 것만 같은 오늘이다. 죽음을 기다리는 것 같은 나. 아버지와 엄마 다 원망스럽다. 어느 책에선가 인생은 이상을 추구하고 내일의 성취를 위해 하루하루 착실하게 일해나가는 것이라고 했는데. 그것을 여태껏 나의 생활신조로 삼고 삶에 임해왔는데 시간이 흐르면 흐를수록 마음과 몸이 약해져만 가니 울고 싶은 마음 어디에다 두고 탄식을 하랴. 장녀 노릇 하기가 무척 힘이 드는구나. 왜 이리 나는 무거운 짐만 져야 하는지. 모든 것을 다 털어버리고 속세를 멀리 떠나고 싶은 마음이다.
　군중의 반대를 견뎌낼 만큼 강한 확신을 가진 사람은 일반 규칙에 속하는 사람이 아니라 예외에 속하는 사람이며, 몇 세기 후에는 찬양을 받게 되지만 같은 시대 사람들에게는 대체로 조소의 눈길과 비웃음을 받는다고 에리히 프롬이란 작가가 썼다. 이것은 자신의 주관에 초점을 잃고 자신이 아닌 타인으로 살아가는 요즘의 현실과는 판이한 것으로 인간다운 인간에 대해 적은 글이다. 군중들에 비해 월등할 때 우월의식을 느낀 나머지 군중들과 멀어지는 그런 고독인들도 많은 것이다. 고독, 좋은 말이다. 사고력이 높아지는 요즘 같은 가을에 적절한 단어인 것 같다. 사고함은 물질적인 것으로는 비교할 수 없는 고귀하고 숭고한 것이다.

오지랖

　정의를 정의로 갚지 않고 반의로 품고 해치는 무리들이 주위에 많이 있는 것을 느끼는 요즘이다. 형식적인 겉치레만 중요시하는 껍데기들 저편에는 그에 동조하면서 손뼉을 치는 무리들이 있다. 자신들은 마음이 건강치 못하면서 남의 병만 흠잡고 소문을 보태고 더해서 킥킥거리며 비웃는 그런 행태들이 주위에서 벌어지고 있는 듯하다. 자신의 일들이나 잘하지 남의 일에 참견은 왜 하느냐 말이다. 그런 사람들의 속은 어떻게 생겼길래 나와 다를까. 남이 잘되는 것은 배 아파하고 남의 소질을 막아서 파멸의 구렁텅이로 빠트리려고 하는 나쁜 무리들이여. 이 세상에서 멀리멀리 사라져라. 원수를 사랑하라는 성인의 말씀이 현실에 너무나 부당한 말씀이기에 그분이 현시대에 태어나셨더라면 내 생각을 이해하실 것이다.

격려하는 직장문화

　3일 동안 무단결근을 해서 출근하면 핀잔의 화살들이 날아올 줄 알았는데 그와 반대인 걱정의 말들을 하심에 나는 죄송함을 금치 못하고 반성의 마음이 들었다. 이런 잔정들이 다시 걸을 수 있게 조금의 용기를 돋워주는 것 같다. 현대는 인정이 메말랐다고 하지만 그건 좀 모순된 말인 것 같다. 하나의 공동체에서 나와 너를 각각 별개의 것으로 생각하면서 욕심과 이기적인 생각에 갇혀있을 때 그런 말을 하는 것이 아닐까.
　퇴근길에 통근버스를 타고 코스모스길을 달리는 기분이 너무 좋다. 별과 나와 맑은 공기가 있는 지금 생각해봐도 좋은 회사에 다니고 있다는 생각이 드는 것이다. 명동에서의 사치스러움과는 비교도 안 되는 서정적이고 향토적이고 낭만적인 사고력을 길러낼 수 있는 아주 좋은 환경이다. 그러므로 더욱더 분발하여 열심히 일에 충실해야 되겠지?

생활 철학

 사람의 가치를 어디에다 두고 판단을 하느냐에 대해 깊이 생각해 보고 싶다. 내가 생각하는 인격은 소탈과 이해와 끈기가 합쳐진 것으로 인내는 그 무엇과도 바꿀 수 없는 것이라고 본다. 여유 있는 가정에서 명문 학교에서 명 강사에게 배우고 익힌다고 그 사람이 꼭 명인이 된다고는 생각하지 않는다. 개천에서 용이 태어난다는 속담도 있듯이 어려운 환경에서 자신의 위치를 빨리 깨닫고 확실히 생활해 나가는 그런 개척파도 있는 것이다. 나의 생활 철학은 남을 위해서 사는 것이 아니라 자신을 위해서 삶을 선택하는 것이다. 남의 이목이 두려워 자신의 생활을 그늘지게 만들어가며 남을 위해 사는 사람들이 많다. 반면에 현재는 힘이 들지라도 내일을 개척하는 사람도 있다.

사소한 일

아픈 덕분에 이틀씩이나 쉬어가며 결근을 했다. 어저께 같아서는 몸이 너무 아파서 이 세상에서 완전히 사라지는 것 같은 기분을 느끼지 않을 수 없었다. 한 달에 한 번이나 두 번씩 어제와 같은 고통을 느낀다면 영영 사라져버리고 싶다. 사람 노릇 못할 바에야 이 지구에서 멀어져 버려라. 가고 싶은 외국을 못 가서 그러는지. 빛이여 태양이여 나에게 빛을 비춰주소서. 나의 열정이 식지 않고 빛을 비춰주소서.

생활하는 데 있어서 가장 조심해야 할 것은 사소한 감정을 어떻게 처리하느냐일 것이다. 사람은 흔히 큰 불행에 대해서는 체념을 하지만 조그마한 일에 대해서는 감정을 억제하지 못한다. 그러나 우리가 마음속으로 기억해야 할 것은 큰 불행보다는 사소한 일에 관한 것이다. 하루 중 기분이 좋지 않은 일이 있을 때 그것을 나쁘다고만 생각하지 말고 행복이 오는 발판이라고 생각하고 살아나가란 것이다. 이해와 인내와 노력으로 살아가면 그 무엇도 부럽지 않을 텐데 그것이 무척이나 어렵다.

삶의 태도

지인들과 시내를 들러 어떤 곳에 갔는데 그곳에서 어느 중년 부인이 옷매무새를 탁 풀어헤치고 교태스러운 웃음을 흘리며 값싼 화술을 이어가는 것을 보았다. 나의 미간을 완전히 찌푸리게 하는 그런 태도였다. 사는 방법이 여러 가지이지만 여성이 그것도 자식이 있는 여성이 그렇게 행동이 풀어지고 지조가 없어서야 쓰겠는가. 모든 여자를 욕 먹이고 손가락질받게 만드는 그런 여성이어서는 곤란하다. 나는 기분이 나빠서 혼났다. 삶의 여유가 있다고 해도 그렇게 쉽게 삶을 살아서는 안 된다. 자신을 자각할 줄 알고 퇴폐풍조에 휩싸이지 않는 그런 여성이 정말 멋진 여성이다.

한 달간 그렇게 열심히 일해도 나의 손에 쥐어지는 대가는 무척 인색하다. 그래도 오후 아홉 시 반까지 일하고 별을 보며 걷는 기분이 그리 나쁘지만은 않다. 항상 한강에 오면 모든 스트레스가 날아가고 소망을 빌어보기도 하는 위로가 되는 공간이다. 이런 장소가 있다는 것이 다행이라고 생각한다. 항상 내 스스로 마음을 달래가며 혼자서 용케 해결해 나가는 것을 보면 나는 무척 강인하고 의지가 강한 사람인 것 같다. 지금까지의 사회생활에서 남은 것은 의지력밖에 없는 것 같다. 이젠 남을 원망할 필요도 없고 의지할 필요도 없는 거야. 인생은 허무하게 왔다가 허무하게 가는 것인데 그렇게 비애를 느끼며 살 필요가 없다. 마음을 풍요롭게 하고 행동도 풍요롭게 하며 살자꾸나.

나의 성격

밖에는 후덥지근한 날씨가 변해서 비가 시원하게 내리고 있다. 아무런 제주도 없고 건방진 나는 어디를 가든지 콧대를 있는 대로 세우고 고개를 숙일 줄 모르는데 단 한 가지 자연 앞에서는 어쩔 수 없이 고개를 숙인다. 비와 눈과 바람, 꽃, 산, 바다 이 모든 자연에게는 꼼짝없이 무릎을 꿇어 경탄해 마지않는다. 이렇게 교만하고 무재주인 나를 데려다가 무엇을 어쩌겠다는 건지. 수차례에 걸쳐서 아저씨께 말씀을 드렸는데 가엾게도 나의 말엔 수긍하지 않으니 오 불쌍한 아저씨여. 지금이라도 늦지 않았으니 좋은 규수를 물색하도록 하세요. 그럴 줄 알았으면 건방진 남자한테 가서 건방지게 행동할 걸 괜히 마음 착한 아저씨만 불쌍하게 됐잖아. 아저씨, 내 말 들려? 그렇게 해. 안녕. 그만큼 좋아하기 때문에 그런 거야.

사회라는 곳이 무척 단순한 것 같아도 무척 복잡다단한 곳이다. 내 이런 성격은 못 말려. 그저 그런 아픔을 갖고 슬퍼하는 사람을 보면 그저 넘겨버리지 못하고 원인을 규명하여 결과를 선으로 인도하려는 그런 성격이 참 어떨 때 보면 안타깝다. 자기 자신은 제대로 하지도 못하면서 남의 일에 참견해서 같이 고통을 나누려는 이런 마음은 주제넘은 것일까. 인정이 메말라가는 이때 사소한 것쯤이야 얼마든지 힘껏 도울 수 있다. 상부상조해가면서 같이 인생 고락을 느끼는 거야.

외국으로 가는 방법

㈜태양상사에 입사한 지 2년 5개월이 되는 것 같다. 그동안에 흐뭇했던 일, 답답했던 일, 여러 가지 기분들이 교차하면서 오늘에 이르렀다. 그동안 무엇을 배워야 하나 방황하는 시간이 더 많았던 것 같다. 괜스레 눈물이 고이면서 마음이 우울해진다. 외국으로 가는 방법은 그 어디에 있는가. 지금으로 봐서는 제로 상태이다. 그렇게 갈망하고 집념 어린 마음으로 여태껏 꿈꾸어 왔는데 도대체 그 빛은 좀처럼 나타나기 어려우니 가슴이 답답하고 설움이 북받쳐 오르는구나.

남들은 그렇게도 외국에 잘 가는데 나는 그 누구도 없구나. 일도 열심히 하고 무엇이든지 적극적인데 왜 이리 방황을 해야 되는지 시간이 흐르고 나이를 먹을수록 불안을 느끼고 있음을 고백하지 않을 수 없다. 외국에 사는 것 외에는 아무런 생각을 하고 싶지 않고 잡생각을 키우고 싶지도 않다. 돌아가신 엄마, 내 소망 들으셨어요? 부디 좀 들어주세요. 깊이 생각한 끝에 결론을 내린 거예요. 언니가 잘 되면 그것이나 보고 살지만 끝내 기대할 수 없는 것을 느끼고 난 지금 저는 저의 갈 길을 가겠어요. 제 길에 빛을 비춰주세요.

희망의 기다림

그동안 열심히 뛰어다녔다. 은행에서 담당자에게 고개를 수없이 숙여가면서 결국 서류를 통과시켰다. 그 외에도 외부 사람들에게 고개를 많이 숙였다. 성격을 전환할 수 있는 계기가 되었기에 좋은 직업을 선택한 것 같긴 한데 하고 싶은 것을 못 하고 살아가는 요즘 기운이 없다. 외국에 나갈 시도조차 할 수 없어서 마음이 아프고 직장에서 눈치를 보며 아귀다툼을 하니 많이 부담스럽고 괴롭다. 뭐라 말할 수 없이 괴롭구나. 하지만 지금은 기다리는 것이다. 그날을 위해서, 어쩌면 사람은 희망의 기다림 속에서 살아가는 게 아닐까 싶다. 다시 옛 시절로 돌아갈 수 있다면 더 성실하고 훌륭하게 해나갈 텐데. 중학교 일, 이학년 때 반을 주름잡던 일, 삼학년 때 회화 시간과 음악 시간에 불려 다니며 실력을 발휘하던 일 등 다시 돌아가고 싶은 마음 간절하구나. 만약에 내가 2세를 낳는다면 내가 이루지 못했던 일들을 아이에게 물려주고 싶을 만큼.

컨디션 난조

　며칠 동안 계속 야근을 하니 힘이 들어 집에 귀가할 때쯤이면 맥이 확 풀려 흐느적거린다. 너무 무리인 것 같은데 일이 영 안 풀린다. 그래도 여기 있을 때까지 열심히 일하자. 우리 속에 내가 있고 가정이 있고 사회와 국가가 있는데 조금만 더 노력하자. 탄탄한 밧줄로 서로의 손과 손을 잡고 끌어당겨 보자꾸나.
　날이 을씨년스러운 듯 음산한 오늘 오락가락 가랑비가 내렸다가 지금은 다시 개었다. 날씨가 흐려서인지 내 몸도 맑지 못하고 아까부터 머리가 무겁다. 또 저혈압에서 오는 탓일까. 빈혈도 있고 아무튼 내 몸이지만 일 년 내내 정상인 날이 손에 꼽힐 정도이다. 이제는 아픈 게 습관이 되어 괜찮지만 함께 일하는 사람들한테 괜히 미안하다. 세상에서 제일 부러운 것은 건강한 사람이다. 마음대로 활동하고 얼마나 좋을까. 봄에는 봄을 탄다고 아프고 여름에는 기운이 없다고 늘어지고 가을에는 철이 바뀌면서 아프고 겨울에는 추워서 감기에 걸려 아프고 내 몸은 너무 투명하다. 그 언제쯤 몸에 고장이 안 생길지.

직장을 떠나다

㈜태양상사를 다닌 지 삼 년 칠 개월. 세월이 많이 흘렀고 많은 것을 보았고 깨달았고 느꼈었다. 이곳에서 여러 사람을 대하며 본의 아닌 성격으로 대하다 보니 많은 변화를 겪게 되었다. 예전에는 우울했고 고집쟁이였고 심통을 부렸고 얄밉고 깍쟁이였던 나. 이젠 많이 수다스러워지고 여유가 생겨서 지금은 아주 배짱 좋은 처녀로 변모했다. 이곳의 좋은 분들이 항상 나를 지켜보며 감싸주었는데 이번에 사직서를 쓸 생각을 하니 무척이나 아쉽고 생각이 많아진다. 그리고 여러 사람이 나의 결혼에 대해 진심으로 축원해주는 데에 뭐라고 감사의 말씀을 드려야 할지 모르겠다. 앞으로 건강한 삶 속에서 남을 돕고 우리 아저씨와 서로 사랑하고 건강한 가정을 이룩해 나가는 것이 보답하는 일일 것이다. 그동안 명동 한복판에 자리 잡은 우리 태양상사가 항상 자랑스러웠는데 이제는 Forever Good Bye 인사를 하게 되어 섭섭한 마음 금할 길이 없다. 여러 직원과 송별을 고하고 이별 곡을 들으며 무척이나 마음이 쓰라렸다. 잊을 수 없는 얼굴들, 행복한 날들이 이어지길 빕니다.

결혼의 조건

　어제는 패물을 본 후에 아저씨의 앨범을 보았고 그것이 화근이 되어서 나의 팩 토라지는 성격이 발휘되었다. 결국 시어머니 되시는 분께서 모든 것을 이해하면 된다는 말씀을 하셨다. 그런 와중에 느낀 것은 딸을 무척이나 두둔하는 느낌을 받았다. 눈물이 쏟아질 만큼 내 자신이 서글프고 초라했지만 아저씨를 봐서 꾹 참았다. 단둘이서 살고 싶은데 아저씨는 부모를 역행해서는 안 된다고 하니 내 발언은 수용되지 않는다. 앞으로 결혼식이 일주일 정도 남았는데 결혼생활에 대한 두려움이 조금 엄습해온다.
　아직까지 금전에 대해서 큰 타격을 받아보지 않은 나로서는 이해가 잘 가지 않겠지만 이미 결혼한 복자의 말은 현실에 입각한 냉정한 말이었다. 금전이 인생의 전부라는 말에 잘 수긍이 가지 않았다. 명예와 지식을 금전으로 대체하려는 그런 몰지각한 사람들이 있고 진실되고 값진 사랑을 돈으로 계산하려는 그런 파렴치한도 있다. 나는 그런 속세에 절대 물들지 않으련다. 열심히 일한 대가만 받으면 그뿐이다. 원래 사치도 허영도 나에게는 맞지 않는다. 그런 성질의 것을 좋아하지도 않고 말이다. 아무튼 나는 조금 독단적인 데가 있지만 그런 내가 맘에 든다. 그래도 가끔은 유연하게 꺾여 들어갈 때도 있어야 좋을 텐데.

결혼하고 보니

결혼식장에서 예식을 올리고 난 지 보름이 되어간다. 이제는 새장 안에 갇힌 새처럼 집에서 밥이나 하면서 소일을 한다. 한 울타리에 여섯 식구가 사는 집이고 보면 내 물건 같이 아껴야 하는데 서로들 눈치만 보고 꾀만 피우는 것 같다. 만일에 마당 한가운데에 나무가 없었더라면 숨통이 막혀서 질식하였을 것이다. 내가 지금 시집살이를 하는 것이냐고 반문할 때도 있는데 옛날부터 살아온 집처럼 하나도 어려운 게 없다. 시어머니께서 며느리를 생각해준 덕분이다. 그리고 우리 남편같이 성실한 사람도 드물 것이다. 내가 생각한 대로 무척 무던한 사람이다. 매일 얼굴을 보는데도 그렇게 귀엽고 사랑스러울 수가 없다. 참 이상하다. 왜 그렇게 좋은가. 앞으로의 생활이 어떻게 변화해도 후회는 없다. 아픔도 서러움도 죽음도 두렵지 않다. 학벌이나 권력, 재산, 인물, 가문 등 그 무엇과도 바꿀 수 없고 부러울 게 없다.

부모님 전 상서

　내일이면 제2의 인생이 전개되는 그런 기가 막힌 날이다. 용이 하늘로 승천하는 듯 저 파란 하늘은 오늘 저렇게도 맑은가. 앞으로 무궁무진한 날들이 기다리고 있는데 어떻게 내 길을 걸을 것인지는 의문이다. 결혼…무척 엄숙하고 진지하고 진귀한 단어인데 무 재주인 내가 어떻게 이를 받아들일 것인가. 아저씨의 배려와 내 노력이 일치되게 만들어서 열심히 살아보자 꾸나.
　그런데 한 가지 섭섭하고 애통한 것이 있는데 생모인 김맹춘 씨께서 살아계셨으면 더 좋았을 것을. 매해 마다 다녀온 성묘를 어제는 다녀오지 못했다. 이해하시리라 믿고 내일 예식장에 참석 못 하시지만 하늘에서라도 둘째 딸에게 복을 내려주시고 지켜봐 주시기를… 그리고 저를 이렇게 성장하게 도와주신 지금의 어머니께 축복을 내려주시고 언니를 좋은 곳으로 인도하여 주세요. 간곡하게 청합니다. 엄마가 정해놓은 길로 걷게 되어 기쁘고 앞날에 많은 발전 주시기를 바라옵고 열심히 노력하겠습니다. 그리고 아버지, 이십육 년 동안 아무 탈 없이 길러주신 데 대해서 진심으로 감사드립니다. 그동안 많은 고통과 고심으로 자식이 잘못될까 봐 항상 지켜주시고 가르쳐

주심에 보답도 못 하고 떠나게 되었습니다. 어떻게 감사를 드려야 할지 몸 둘 바를 모르겠습니다. 아버지의 가르침에 위배 되지 않게 항상 행동에 조심할 것이며 끝까지 배우겠습니다.

결혼의 의미

　주말이 되면 어떻게 시간을 보낼까 마음이 설레곤 했는데 지금은 그런 기분을 느낄 수가 없다. 남편이 월급을 타가지고 왔는데 내 손을 거치지 않고 상의도 없이 곧바로 시어머니한테 갖다 주는 것을 보고 또 한 번 놀랐다. 권력도 돈도 욕심부리지 않아서 아무것도 없는 남편을 선택했는데 돈 따위는 크게 생각하지 않았는데 그렇게 행동하는 것을 보고 놀랐다. 부부란 모든 것을 상의하고 의논하면서 해결방안을 만들어가며 살아가는 것인데 그런 것을 이해 못 하는 게 아닌데 한두 가지 섭섭한 게 아니다. 내가 아내로서 자격이 없으니 아내라는 위치에서 나 스스로 물러나야 하지 않을까? 식구도 많지 않은 다섯 식구가 다른 많은 식구들 못지않게 잡다한 일들이 꼬리에 꼬리를 문다.
　날씨가 차갑구나. 이것 또한 여유의 부족에서 오는 것일 거야. 앞으로도 많은 파도와 풍랑이 기다리고 있는데 이까짓 추위쯤이야 이겨나가야지. 아무튼 산다는 것이 무척 흥미롭다. 나는 결코 바보가 아니야. 그래서 남편을 택한 것이 아니야. 김태연 씨라는 회사의 말단직원으로 근무하는 사람에게서 행복이라는 것을 찾을 뿐이야. 대개의 사람들은 아주 큰 것에서 행복을 찾지만 나는 달라. 작고 남들은 보이지 않는 작은 곳에서 행복을 찾는단 말이야. 이게 무슨 말인지는 시간이 지나면 알게 될 거야. 그렇다고 해서 남이 나를 알아주기를 바라는 것은 아니야. 그저 내 행복은 내가 신중하게 찾는다는 것이지. 감기 조심하고 시부모님과 남편 잘 모시자.

삶의 진가를 맛보는 것

　오랜만에 오신 작은아버지를 뵙자마자 눈물을 왈칵 쏟아버렸다. 입술을 깨물면서 참았는데 마음대로 되지 않았다. 눈물이 쏟아지는 이유는 무엇인지. 여러 가지가 있겠지만 두 달 동안 결혼생활 하면서 느끼는 어떤 감정이 복받쳐서 흘린 것일 거다. 아들을 무척 사랑한 나머지 며느리인 나는 염두에 두지 않고 때때로 말씀하시는 표정에서 반감을 느끼고 그런 것들이 나를 힘들게 한다. 다섯 식구인 시댁이 열 식구인 집보다 더 문제가 많은 것 같다. 애초부터 내가 예감한 대로 모든 것이 맞아가고 있다. 하지만 내가 예감한 대로 끝까지 맞는다면 조금은 두려울 거 같다.
　크리스마스를 보내고 그야말로 아주 조용하게 보낸 그다음 날인 오늘 천둥이 치면서 하얀 눈이 몹시 퍼붓는다. 그 눈을 보고도 아무런 느낌을 받지 못하고 그저 하늘만 바라볼 뿐이었다. 시어머니께서는 요즘에 계속 몸이 좋지 않아서 누워 계신다. 친어머니처럼 정성껏 해드렸는데 차도는 없으시고 나도 이제는 정신적으로 육체적으로 피로하다. 나를 보면 울화가 치밀고 속이 상한다는 사람들이 많다. 그렇게 자존심 강하고 콧대가 높은 내가 시부모님 모시고 가난한 집에서 산다고 안타까워하는 사람들. 하지만 모든 것은 전부터 이미 짐작은 하고 있었다. 진정한 삶이란 모든 여건이 완전한 곳에서 삶의 의미를 찾는 것보다는 여건이 부족한 데서 오는 그런 고통 속에서 삶의 진가를 맛보는 것이 더욱 가치 있는 것이라고 생각한다.

80년대의 생활

1980년대라! 어마어마한 숫자다. 그 많은 세월이 흐른 지금 기름 파동으로 인하여 절약을 요구하는 시대로 들어섰다. 세계의 정세가 원만하지 못하고 이란 사태라든지 아프가니스탄이라든지 소련 문제 등등이 꼬리에 꼬리를 물며 발발하고 있다. 또한 한국은 박정희 시대가 물러가고 최규하 시대가 들어섰다. 고로 나라는 사람은 손발을 동동 굴리며 시부모님 모시고 남편과 함께 용산에서 생활해 나가고 있다. 주로 받는 것을 좋아하던 나였는데 지금은 생각이 많이 달라져서 Give and give라는 신조로 살아나가면 아무런 탈이 없을 것이다. 80년대의 생활은 어떻게 전개가 될는지 궁금하다.

송편 가루 같은 눈발이 계속 뿌리면서 내일의 강추위를 예고하고 있다. 내일 기온이 영하 20도라고 하는데 생각만 해도 아찔하구나. 우리 집 앞마당은 조금은 넓어 눈이 온다든지 비가 오더라도 운치가 있어서 정서적으로 마음을 풍요롭게 만드는 것 같다. 남의집살이 하면서 마음이라도 풍족해야지, 그렇지 않았으면 벌써 질식했을 거야. 방문을 열면 추위가 코끝에 닿더라도 앞마당에서는 갖가지 새들이 저마다 곡식을 쫓는 모습들. 나무 한 그루가 기분을 맞추기라도 하는 듯 벌거벗은 몸으로 가지를 흔들어준다. 아직은 피가 끓는 젊음이 있으니 삶을 비관하기보다 낙관적이고 낙천적으로 하루하루를 살아간다.

천사와 여자

　오늘 문득 미국에 간 명숙 아줌마 생각이 나서 보고 싶은 마음 그지없구나. 외국에 가면 삼사 년 있다가 기반이 잡히는 대로 나를 그곳으로 데려간다던 아줌마가 약속을 어기려는지 편지 한 장 없다. 야속한 사람 같으니라구. 기가 막히리만큼 날씨가 계속 춥다. 오늘도 무척이나 차갑다. 이틀 동안 몸이 아파서 계속 누워있었더니 꼴이 말이 아니구나. 사는 것이 흥미롭지 못하고 불안한 나의 생활이 애처롭기만 하다. 시아버지는 중풍으로 누우셔서 어머니만 탓하며 억지만 부리시고 어머니는 어머니대로 한탄만 하시고 한숨만 쉬신다. 한 지붕 밑에서 사는 내가 직접 눈으로 봐야 하는 것이 더욱 괴롭게 만든다. 여자가 걷는 길이 이렇게 가시와 같다면 앞으로 살아야 할 길이 막막하고 아득하다. 모든 것을 좋게 인식하고 좋게 보려고 여겨왔고 그렇게 살려고 하는데 마음이 아득하기만 하다. 그리고 남편은 네 것은 네 것, 내 것은 내 것 이런 식으로 하면서 점점 정을 멀어지게 만든다. 이렇게 한다면 나는 결코 천사가 아니라 여자가 될 것이다.

분만 예정일

오늘이 우리 아기가 세상에 나오는 날인데 아직까지 아무런 소식이 없는데 시간이 아직 일러서 그런 것인지 기별이 없구나. 날씨는 차갑고 으스스한데 한편으로는 걱정이 된다. 아이가 늦게 나오는 것은 내가 어머니로서 자격이 미비한 까닭일까. 가끔 배의 통증만 느껴질 뿐 아무 소식이 없으니 초조하고 두렵다. 아가야! 기왕 세상에 나오려거든 어서어서 나오렴. 모두가 너를 기다리고 있단다.

날씨가 무척이나 맑고 깨끗하다. 밖으로 나가고 싶은 것을 억제하며 이제는 처녀가 아닌 유부녀로서 몸을 정숙하게 해야 하는 그런 위치에 놓여 있다. 어디론지 훌쩍 떠나고 싶은 충동이 계속 나를 유혹하고 있다. 보고 싶은 얼굴들이 너무 많지만 시어머니께서 외출하는 것을 달갑게 생각하지 않으신다. 친구도 만나지 말라고 하시니 이제는 나도 별수 없게 되었다. 그러면 그럴수록 나가고 싶고 얽매임 속에서 풀려나 자유를 찾고 싶은 마음이 더욱 강해진다. 본래의 나로 돌아가고 싶다고 아무리 외쳐봤자 소용없고 이미 내 뱃속에는 2세가 꿈틀거리고 있는데 이제는 독 안에 든 쥐가 되었다. 내가 저지른 행동에 대해서 책임을 져야 한다. 그렇지 않으면 인간도 아니야.

밤중의 화재

어제는 온 집안 식구들이 잠을 설쳤다. 우리 집 건너 건넛집에서 불이 나서 기겁을 하여 놀라는 사태를 빚었는데 원인은 그 집 부부가 싸움을 한답시고 석유풍로에다 불을 붙이는 바람에 주변에 사는 사람들이 대피하는 일이 벌어졌다. 터무니없고 몰지각한 사람 때문에 많은 사람들이 놀라는 일이 생긴 것이다. 다행히 소방차가 일찍 도착해서 불을 빨리 끌 수가 있었다. 살다 보니 별의 별사람 다 보겠다. 꿈자리가 뒤숭숭했는데 귀신같이 꿈이 맞았다. 부부가 서로 신뢰하고 아껴주는 것이 아니고 불신하고 배척하는 요즘의 몇몇 사람들이 있다는 것이 이번에 확인된 것이다. 사건 속의 인물들이란 바로 어제와 같은 일을 벌이는 사람들인 듯싶다. 구제받지 못할 사람 같으니라고.

오늘은 아주 뜻깊은 일을 했다. 한 울타리에 살고 있는 우리 옆집 아줌마를 글로써 도왔는데 남편을 일찍 여의고 자식들을 위해 헌신하는 분이다. 나는 이런 사람을 존경한다. 비록 배운 것은 많지 않아도 자신의 몸으로 삶을 개척하며 열심히 사는 사람을 나는 존경한다. 배움이 많아도 그 머리로 탈선을 거듭하는 사람들은 인간으로 생각되질 않는다. 자신의 지식이나 교양을 위장하려는 사람들, 물질 앞에서는 무조건 고개 숙이고 아첨하는 무리들을 경멸하고 지탄하고 싶다. 그런 사람들에 대해 많이 들어왔고 보아왔다.

나를 속이려 들다니

　피붙이라고 걱정해주시고 먹을 것이 있으면 먹이려고 해주시는 오촌 할머님이 고맙다. 오늘도 홑몸이 아니라고 소 국물을 갖다 주시는 인정 많은 할머님이시다. 결혼한 지 오 개월 반가량 지났는데 남편은 이제 서서히 나를 속이려고 반지까지 전당포에 잡혀서 오만 원을 받아서 어디에다 쓰려고 했는지 도통 모르겠다. 자기 말대로는 주차장에서 잃어버렸다고 했는데 도저히 믿어지지 않는다. 분명히 열쇠로 차를 잠글 텐데 그 돈을 누가 가지고 가냔 말이다. 분명히 어딘가에다 쓰고 둘러대는 것이겠지. 만일 잃어버린 게 맞는다면 내가 물어봤을 때 정정당당하게 대답했어야 한다. 그러지 못한 것은 무언가 꺼려지는 게 있어서 숨기고 있다가 내가 추궁하니까 대충 얼버무려서 얘기한 것이다. 벌써 나를 속이려 하니 이다음에는 어쩌려고 그러는지 답답하다. 가뜩이나 요즘 마음이 좋지 않은데 그런 나를 괴롭게 하다니. 내가 괴로워한 것만큼 자기도 대가를 치를 것이다. 어떤 남편은 부인 몰래 돈을 저축해놨다가 봄에 옷을 사주면서 기쁘게 해주는 남편도 있는데 설마 그런 것은 아닐 것이고 아무튼 괘씸하다. 여태까지 결혼을 해서 즐겁고 보람된 것이 한 가지도 없고 나를 괴롭게 만드는 것뿐이니 어떻게 하면 좋을지. 앞으로 살아갈 일이 막막할 뿐이다. 내 갈 길을 가게끔 내버려 둘 것이지 나쁜 사람이다.
 끝까지 속이면서 돈을 잃어버렸다는 터무니없는 거짓말은 변명이다. 우리의 결혼반지를 친구한테 갖다 주라고 해준 줄 아나 봐. 신뢰성이 없어지는 행동을 하려고 그러는데 자기 부인보다 친구가 더 좋은가 봐. 자기 발등에 불이나 끌 것이지 남의 셋방 사는 처지의 친구가 이사 간다고 보태주고 있으니. 어떻게 이런 사람을 믿고 평생을 살아갈까. 한 가지를 보면 열 가지를 알 수 있다고 하는데 전에 내가 물어봤을 때 전은 이렇고 후는 이렇고 논리 있게 나를 설득하는 것이 아니라 음흉한 생각으로 끝까지 속이다니 기가 막힌다.

출산을 기다리는 나날들

　많은 날을 고생하는 어머니들, 과연 그 몸이 무쇠와도 같다는 것을 조금이나마 알 것 같다. 자식이라면 끔찍이 생각하고 보호해 주려는 부모들 모두에게 감사를 드려야 한다. 요즘 자주 자리에 눕게 되는 나로서는 몸을 이겨나가지 못하고 항상 발버둥만 치고 얼굴이 누렇게 변하기가 일쑤이다. 아직도 8개월이나 남아있는 시간들이 나를 자꾸 약하게 만들 때에는 모든 것이 싫다. 가뜩이나 몸이 허약한데 이틀씩이나 지방에 가 있는 남편은 야속하기만 하고 눈물이 자꾸 난다. 언제쯤이나 남의 지배에서 벗어나 앞장서서 지시하는 사람으로 살아갈 수 있을지 까마득하고 한심하다.
　계속해서 이틀간 비가 내리더니 오늘은 대관령에 눈이 온다는 소식을 듣는다. 세월이 흐름에 따라 나의 2세는 뱃속에서 점점 성장해 가고 있고 아이에 대한 기대감과 함께 무능하고 재주 없는 엄마라서 이 아이를 어떻게 기르나 생각하면 착잡한 마음이 든다. 밤중에 무섭다고 바깥에 있는 변소를 가지 못하는 내가 엄마가 되다니 생각할수록 웃음만 나온다. 앞으로 우리 남편이 바쁘게 생겼다. 하지만 내가 낳은 자식은 이다음에 훌륭한 인재가 될 것이다. 그런 상상을 하면 마음만이라도 뿌듯하다.

자식 된 도리

친정아버지께서 딸을 생각하여 직접 아침에 오셨는데 아침 식사 대접도 못하고 가시게 했다. 여유가 있는 집으로 시집을 보냈으면 마음이 편안하실 텐데 말씀은 안 하시지만 아버지의 얼굴을 보면 나를 애처롭게 생각하시는 걸 읽을 수 있다. 그렇게 좋아하시는 술도 대접하지 못하고 보내드린 이 딸의 마음 갈기갈기 찢어진다. 아버지, 걱정하지 마세요. 제가 아들이었다면 그 무슨 말이 필요하겠습니까. 하지만 저의 2세는 제가 거두어서 지금껏 흘렸던 눈물을 결코 넘겨주지 않겠습니다. 이제 와 누구를 배반하는 것도 인간으로서 할 수 없는 행동이고 사는 날까지 인간의 도리를 다하며 참고 살아가겠습니다.

사회가 인간을 그렇게 만들었을까? 형식적인 겉치레에 치우치는 한국의 사회가 폐단이 한두 가지가 아니다. 물질이 인간의 인격을 만들어버리는 것이 우리의 현실이고 보면 나 혼자서 외쳐봤자 손가락질만 당할 것은 뻔하다. 물질만능주의인 우리 사회, 또 그것을 숭배하며 따르려는 사람들. 나의 2세는 그렇게 만들지 않겠다. 무일푼이라도 인격과 삶의 자세가 올바르다면 어느 곳이든 어디에서나 당당히 자신의 주장을 펼칠 수 있게끔 그렇게 가르칠 것이다.

고부갈등

　날이 흐려서 그런지 빈혈이 더욱 심해지고 저혈압 속에서 헤맨다. 약국에서 약을 좀 먹고 나니까 정신이 나는 듯하다. 어제는 남편과 산부인과에 갔었는데 우리 아가의 심장 뛰는 소리를 듣고 얼마나 놀랐는지 모른다. 신기하고 자랑스러워서 마음이 마구 뛰었다. 내일 결과가 나온다고 했는데 별다른 일이 없어야 하는데. 앞으로 몇 개월만 있으면 우리 아기가 탄생하는데 나는 두려움 내지는 무서워서 조바심을 내고 있다. 하지만 마음 강하게 먹고 편안하게 생각하자.
　나라 밖이나 안이나 시끌시끌해서 예수님의 말씀마따나 말세가 온다고 하는데 그래서 그런지 요즘은 귀가 따갑다. 남북으로 갈라진 우리나라는 언제쯤 하나로 뭉치려는지 서로 잘났다고 한 치의 양보도 없으니 갈등이 커져만 간다. 한 집안의 식구들이 단결되지 않고 이익을 찾기 위해 눈치만 보고 앞에서는 진실을 찾고 옳은 것처럼 하면서 속으로는 응큼하기 이를 데 없고 검은 속이 속인다. 옛날부터 내려오는 고부간의 갈등이 며느리는 무조건 시어머니한테 복종하고 자기 의견을 내세우지 못하고 순종해야만 하는 악습이 현재까지도 내려오고 있으니 며느리들이 분가하느니 시부모를 공경하지 않으니 하고 떠들썩하지. 아무튼 서로가 못 할 노릇이다. 문제점이 너무 많은 탓으로 골치만 지끈거리고 가슴이 터질 것 같아 노이로제에 걸릴 것 같다. 능력만 있으면 혼자서 생활하고 자신의 취미를 살려가며 사는 것도 나쁠 것 같지 않다. 내가 사는 것이 아니고 남에 의해서 살아가는 것 같은 요즘은 보람을 못 느끼고 질식할 것만 같은 상태이다. 서로가 두고 보자는 속셈이고 보면 가까워질 리가 없고 거리감이 더욱 생겨서 불신만 따를 뿐이다. 하지만 이런 생활이 오래 간다면 내 생각대로 진행할 수밖에 없다. 바보 같은 나. 애초부터 바보였고 끝까지 바보짓이나 하려무나. 만나보고 싶은 사람 마음대로 만나지 못하고 가고 싶은 곳 마음대로 가지 못하는 등 여러 가지가 애로사항이구나.

비슷한 환경

　결혼하고 시집에 와서 생활한 지 8개월째 되는데 아무런 재력도 권력도 없는 남편인지라 주위의 이웃들도 다들 희한한 사람들이다. 만일에 남편이 좋은 배경에 권력 있는 사람이었다면 동네도 고상하고 이웃들도 지식층의 사람들일 텐데 하루 벌어 생활하는 사람들과 사기 기운이 있는 사람들이 한 울타리 안에서 생활하니까 별의별 것을 다 보아가며 인생의 더러운 일면을 보게 된다. 남을 이용하여 자기 생활을 유지해가려는 사람들과 배운 것이 없어 교양과 이해가 부족한 사람들을 보니 배울 것이라고는 하나도 없는 것 같다. 이래서 대학을 찾고 모든 여건의 소유자인 배우자를 선택하는가 보다. 미리 모든 것을 짐작하고 남편과 결혼했는데 마음에 구멍이 뚫려있는 듯 공허감이 밀려들 뿐이다. 그저 주어진 환경에 적응하며 살아가자. 그것이 가장 마음 편한 일지 모른다.
　화요일부터 남편의 휴가라고 하는데 외할머니댁을 가자는 뜻밖의 제안에 즐거웠지만 시어머니께 말씀드리면 또 어떤 답변이 나올지 마음에 걸리고 도대체 내가 외출하는 것을 싫어하시기 때문에 말씀드리기가 두렵다. 시부모님과 같이 산다는 것이 무척이나 신경이 쓰이고 까다롭다. 친구들이 나를 보고 모를 일이라며 굉장히 대견하다는 반응을 보인다. 내 고집을 꺾어가며 산다는 것이 이해가 안 되고 아리송한 모양이다. 모든 것을 참고 성격을 바꾸고 부드럽게 살자고 나를 달랜다. 우리 아가와 남편, 나를 위해서

혼인신고를 한 김에

막상 혼인신고를 하고 나니 마음이 이상하다. 점점 출산일은 다가오고 우리 아가 때문에 남편의 마음이 급해졌는지 혼인신고를 서둘러서 하고 왔다. 모든 사람들이 우리 부부가 그들의 기대에 어긋나지 않는 부부가 되길 기대하고 있을 텐데 그것은 우리 둘의 노력 여하에 달려있는 것 같다. 외할머니께 인사를 드리지 못하고 지내다가 며칠 전에 남편과 인사를 드리고 와서는 마음이 한결 가벼운 것 같다. 너무 좋으신 할머님이 오래도록 장수하시길 기도드린다. 남편이 할머님께 성의껏 대해 주어서 마음이 기뻤다. 남편이 출장을 가서 오늘과 내일은 혼자 잠을 자야겠구나. 남편이 건강하게 오기를 빌어야지. 하늘에 계신 엄마가 잘 돌보아주시겠지.

오늘은 작은 할아버지와 할머니의 제삿날이다. 가고 싶은 마음 굴뚝 같은데 시어머니께 어떻게 말씀드릴까 고심하던 끝에 자연스럽게 말씀드렸더니 쾌히 승낙해주셨다. 잘 다녀오라는 말씀에 고맙게 생각되어 기분이 무척 좋았다. 작은 집에 가니 작은아버지께서 무척 좋아하시는 기색이었고 남편이 따라주는 술을 받으시고는 무척 흐뭇한 표정을 지으셨다. 내가 그래도 인덕이 있었던지 공부를 하기 쉽지 않은 환경에서 작은아버지의 큰 배려로 중고등학교에 다닐 수 있었는데 그 은혜를 어떻게 보답해야 할지 모르겠다. 내 인생에는 잊을 수 없는 분들이 많은데 작은아버지도 그중 한 분이시다. 아무튼 복도 어지간히 많은 나. 그래서 남에게 의존하는 버릇이 있고 모든 것을 얼버무리려는 습관이 있는데 그건 고치도록 하자.

신의 선물인 아이

양력 10월 30일은 우리 아기가 태어난 날이다. 오전 아홉 시 삼십 분에 3.7kg으로 태어났다. 주위의 모든 사람이 아들이기를 바랐고 왠지 나도 그럴 것 같았다. 남편도 아이를 많이 기다렸는데 너무 잘된 것 같다. 용산 혜생병원에서 출산을 했는데 여태까지 살면서 겪은 아픔 중에 가장 큰 고통인 것을 느꼈다. 아기가 태어나면서 제2의 인생이 시작되는 것 같다. 아이 이름을 우정이라고 지었는데 무척이나 야무진 것 같다. 이십오 일 동안 산후조리로 신길동 친정어머니께서 수고해 주셨는데 무엇으로 보답을 해야 좋을지. 고마우신 엄마, 여태껏 고생만 하셨는데 자식 된 도리를 못 하고 폐만 끼쳐드리니 마음이 아프나. 요즘 남편은 경제 침체 때문에 아직까지 집에 오지 못하고 석 달이 다 되도록 월급을 타지 못해서 고민이 많은 듯하다. 우정이가 내 얼굴을 닮지 않았지만 내가 다하지 못한 학문과 지식을 높이 쌓기를 바란다. 친정아버지께서 김우정이라 이름 지어주셨고 한자를 金宇正으로 하면 어떠냐고 하시는데 만날 우보다 우주 우가 훨씬 어울리는 것 같다. 우정이 아빠는 지방에 내려갔는데 오늘은 집에 올는지 모르겠다. 심지가 굳센 사람인데 언제쯤 크게 한번 성공하려는지.

출산의 고통도 다 잊은 채 우정이의 성장하는 모습을 지켜보며 오늘도 나는 흡족해한다. 내 마음을 아는지 모르는지 우정이는 언제쯤이나 엄마 아빠를 알아보며 재롱을 피울지 빨리 그날이 왔으면 좋겠다. 요즘은 계속 밤잠을 못 자고 우정이의 칭얼거리는 소리에 깨어 시중을 드느라 피곤하다. 한 인간을 성장시키는데 부모님들의 노고가 얼마나 들어가는지 조금은 알 수 있고 그것이 바로 인생이라는 것도 깨달을 수가 있다. 우정이가 아무 탈 없이 건강하게 자라주었으면 좋겠다. 아이가 크는 게 너무 신기하고 뭐라고 표현할 수 없을 만큼 사랑스럽다. 우정이 아빠 빨리 들어오세요. 우정이와 내가 기다리고 있어요.

아이가 주는 기쁨

　세월의 빠른 흐름 속에서 유일하게 나에게 주어진 일이라고는 우정이의 성장밖에 없다. 신기하고 뿌듯한 감정이 드는 것을 우정이는 알고 있을까. 다른 사람들의 이야기를 들어보면 우정이의 한자를 金遇正으로 하는 것이 좋겠다는 생각이 든다. 조금 있으면 백일이 되는 우리 아기가 언제쯤 아빠 엄마하고 부르려는지 그날이 빨리 왔으면 좋겠다. 우정아 네가 걸어 다니는 모습이 보고 싶다.
　우정이 아빠는 작년부터 지금까지 노력의 대가인 월급을 받지 못하여 걱정이고 산다는 것이 참 고르지 못하다는 점에 대해 실망할 뿐이다. 마음이 답답할 때 우리 우정이가 하루가 다르게 성장하는 것을 보고 있으면 쓰리던 마음이 사라지고 몹시 대견하고 기쁠 뿐이다. 주변 분들이 우리 우정이가 다른 아이들에 비해 발육이 빠르다고 말씀하신다. 우정이 할머니와 외할머니, 우정이 아빠, 그 외에도 많은 분들이 우정이를 이뻐하고 귀여워한다. 남편의 하는 일이 빨리 풀려서 잘되기를 간절히 빌고 있다.

건너뛴 돌잔치

우정이 돌이 지난 지 이틀이 지났지만 경제적으로 원활하게 돌아가지 않아서 애석하게도 돌상을 차려주지 못하고 떡하고 미역국만 끓여서 조촐하게 지냈는데 가슴이 아팠다. 다음 해에 꼭 차려줘야 한다고 할머님이 말씀하셨다. 신길동 친정엄마가 너무 눈물겹도록 고마워서 몸 둘 바를 모르겠다. 우정이 돌에 금 반지하며 한복을 사 가지고 오셨는데 까만 얼굴에 몰골이 아닌 모습으로 오셔서 가슴이 아팠다. 스물여덟 해를 사는 동안 좋은 분도 많이 보았지만 신길동 엄마처럼 마음이 넓은 분도 흔치 않은 것을 볼 때 딸자식으로서 죄송할 따름이다.

9년이 흐른 뒤

　실로 오랜만에 써보는 일기다. 남편이 사다 준 일기장에다 이름을 써본다. 벌써 구 년이란 세월이 흘러서 아홉 살이 된 우정이와 여섯 살인 우석이가 나의 피붙이다. 얼마나 대견하고 사랑스러운지 모른다. 먼저 하나님께 감사를 드린다. 영생의 길을 걷게 택하여 주신 나의 하나님 어떠한 말이나 글로도 표현할 수가 없다. 그런데 열심을 내지 못해서 죄송스럽다.
　칠월 초부터 오는 비가 지금까지 지속적으로 오고 있다. 더러운 대지 위를 깨끗이 말끔히 씻어내린다. 봄부터 계속 이곳저곳 집을 보러 다녔지만 가진 돈은 부족하고 마음은 부풀어서 남편한테 얘기했더니 막무가내다. 지난 일을 자꾸 떠올려서 마음만 아프게 하는 나 자신이 초라할 뿐이다. 꿈에 부풀어서 결혼을 했는데 서럽고 눈물이 날 때가 많았다. 지금은 주님을 믿어서 옛 생각과 지금의 생각이 판이하게 달라졌지만 사람인 고로 세속적일 때가 많다. 모든 걸 용서하고 사랑하고 옛것을 마음에 새기지 말자. 눈물이 나려고 할 때 골고다로 올라가시는 예수님을 생각해보라.

동생 선란이의 결혼식

이제는 완연한 가을이다. 밖에서 귀뚜라미 소리가 들려오면서 밤의 길이가 길어졌다. 내 옆에는 우리 아들들이 잠을 자고 있다. 주님께 감사할 뿐이다. 이제는 제법 컸다고 아빠와 바둑도 두면서 장군 멍군한다. 신기하다. 요즘엔 남편도 집에 일찍 들어와서 성적이 좋고 묵직하게 말 대신 실천을 해주니 고맙다. 이달 말이면 햇수로 칠 년이 된 이 고장을 떠나 동부이촌동으로 이사를 한다. 조금은 아쉬운 마음이 들지만 살아가는데 어쩔 수 없는 일이다.

어제는 선란이의 일생일대의 결혼식을 올리는 날이었다. 항상 자신의 앞가림을 너무 잘해서 결혼에 대한 부모의 걱정을 덜어주니 고맙고 여러 사람들의 축복 속에서 결혼식이 진행되었다. 좋은 사람을 만나서 시집을 잘 간 것이 무엇보다 안심이 된다. 하나님께 기도를 드린 것이 응답을 받아서 주님께 영광 돌린다. 친정집에서는 식구 하나가 줄어서인지 우울하고 자식을 빼앗긴 생각에 부모님과 언니가 울기도 하고 웃기도 했다. 새벽기도를 간다는 것이 못 가서 내일은 틀림없이 빠지지 않으리라. 주님, 앞으로 병원에 갖다 주는 약값을 감사헌금으로 드릴 수 있도록 변화되게 해주소서.

화투를 그렇게 좋아하다니

 조석으로 날은 선선하고 낮에는 햇볕이 따갑다. 남편이 휴가를 받아서 오늘 아이들을 데리고 서부역에서 금촌에 갔다가 휴식처가 없기에 다시 서울 쪽으로 나와서 남산으로 갔었다. 파란 하늘과 푸르른 나뭇잎에서 풍겨 나오는 향 내음. 오후 여섯 시에 출발해서 집에 와서 식사를 차려놓고 성가대 연습실로 향했다. 그리고 아홉 시 삼십 분에 집에 와서 주님께 기도를 드리고 FM을 들으며 일기를 쓰고 있다. 내일은 안식일이라서 거룩하게 지내야 한다.
 따가운 햇볕이 요 며칠간 계속되며 무더위가 극성을 부린다. 지금 시간이 11시 40분인데 남편은 아직 귀가하지 않고 있다. 남편이 화투를 너무 좋아해서 큰일이다. 건강도 생각해야 하는데 요즘은 며칠에 한 번씩 횟수가 잦아지고 있다. 좀 건전하고 발전적인 취미를 가져야 하는데 하필이면 화투를 그렇게 좋아하니 한심스럽다. 며칠 전 휴가를 받아서 아이들과 남산을 갔다 왔는데 오랜만의 외출이라 아이들이 무척이나 좋아했다.
 하루의 해가 너무 짧다는 것이 요즘은 실감이 난다. 내주쯤에 선선한 바람이 분다고 했는데 더위가 아직 기승을 부리는 것 같다. 밤 11시 30분인데 남편은 아직 귀가하지 않고 있고 두 달 전부터 늦게

들어오거나 외박을 하니 도박에 미쳐서 눈에 보이는 것이 없나 보다. 건전한 사고방식으로 건전한 데다 취미를 두어야 하는데 작은 일 같지 않다.

결혼 후 첫 취직

 오늘은 소설이라는데 하늘에서는 천둥과 번개가 번뜩이며 소낙비가 오고 있다. 가뭄 때문에 많은 비가 와야 하는데 오리무중이다. 살아오면서 느낀 것인데 사람은 지식과 학식이 풍부해야 한다는 것을 절실히 느낀다. 학교 다닐 때 좀 더 열심히 할 걸 후회스럽다. 하지만 지금은 세상의 지식보다 성경 말씀을 읽고 배워서 조금 지혜로워졌지만 초기 상태이다. 보는 것과 듣는 것, 배우는 것 등 여러 가지가 있겠지만 자신이 노력하는 것이 가장 중요한 것 같다.
 요즘 자신이 얼마나 변했는지 생각하면 정말 기특하다. 나태한 생활에서 탈피하여 이화정이라는 음식점에 들어가서 일하고 있는데 조금이나마 생활에 보탬이 될까 해서 시작하게 되었다. 자만심에 우월감에 겸손을 모르고 살아온 나 자신을 낮추며 아래에서부터 다시 시작하는 생활을 해나가고 있는 것이다. 가정이라는 테두리 속에서 며느리로서 아내로서 엄마로서 살아야 하는 나이기에 근면해져야 한다는 것을 느낀 것이다.

오월의 초입에서

 사월도 이제는 서서히 사라져 가고 내일이면 오월이 오는 기다림에 있다. 가슴이 저리고 마음이 아파서 괴롭다. 언니를 본 지 두 달이 넘어서 오늘 신길동에서 만났다. 언니의 얼굴을 보면서 참 어떻게 하면 지혜롭게 살 수가 있는가. 엄마가 살아계셨으면 내가 이렇게까지 뼈가 저리지 않을 것을. 시어머니 때문에 집에서 만나지도 못하고 항상 밖에서 서성이는 언니와 나. 엄마가 세상을 빨리 뜨셔서 따스한 정을 느껴보지 못하고 살아온 언니와 나이기에 더욱더 눈시울이 뜨거워진다. 자식에게는 얼마나 어미의 자리가 큰 것인가를 새삼 느껴본다.

 항상 독선적이고 이기적인 나. 지금은 많이 달라졌지만 만감이 교차하곤 한다. 드라마게임을 보면서 장애인들의 고충이 얼마나 큰지 알았다. 그들에 대한 사람들의 시선이 따갑다는 것과 소외되는 그들을 볼 때 진심으로 잘 대해줘야겠다는 생각을 했다. 아이들은 내 옆에서 자고 있는데 남편은 또 화투에 미쳐서 집에 들어오지 않고 있다. 부부간에도 서로 본이 되고 배울 점이 있어야 하는데 다른 것은 다 괜찮은데 화투 때문에 절제를 못 하는 것이 가장 못마땅하다. 아이들 때문에 인내하는 것도 배웠고 여러 가지 어미로서 해야 하는 것들을 조금은 익힌 것 같다.

선란이가 엄마가 되다

 요즈음 태양상사라는 곳에서 바느질을 배우고 있다. 우습기도 하고 한편으로는 불안하다. 미스 조라는 아가씨가 명랑하고 행동하는 것이 참 귀엽다. 바느질하고는 담을 쌓은 나인데 이렇게 접하게 되었다. 언제까지 갈는지 알 수는 없지만 내 노력 여하에 달려있다. 보고 싶은 얼굴들이 많은데 만나지도 못하고 이렇게 세월이 흘러가고 있다.

 내일부터 장마가 시작된다고 하는데 습한 날들이 한 달 동안 시작되겠지. 얼마 후에 건강 때문에 태양상사를 그만두고 십만 원을 받았다. 좀 더 다니면 좋겠지만 내 몸이 요즘 예전보다 안 좋아져서 걱정이다.

 찌는 듯한 더위가 기승을 부린다. 시간이 흘러도 이렇게 빨리 지나갈 줄이야. 인간의 생명은 잠시 보이다가 없어지는 안개와도 같다고 했는데 덧없이 흘러가는 세월에 아쉬움을 느낀다. 나의 사랑하는 동생 선란이가 결혼을 한 지 일 년이 되어 아들을 낳아 엄마가 되었다. 대견하고 자랑스럽다. 항상 제 앞가림을 잘하고 나이에 비해 성숙하고 마음도 착하다. 주위에서 다들 칭찬이 자자하다. 그런데 아버지께서 너무도 술을 좋아하시기에 걱정스럽고 자식으로서 효도를 다하지 못한 게 마음 아프다. 모든 것을 주님께 맡기고 눈물로 기도를 드렸다.

요즘 아이들은 지혜로워

나를 우울하게 하는 사람들이 많다. 이 세상을 살아가려면 행복보다는 불행이 더 많고 기쁨을 맛보기 위해 슬픔을 참고 견디며 살아가야 하는 날들이 더 많다. 내가 택한 선택이고 누구를 탓할 수 없는 삶이기에 인내하며 살아가야 하는데 눈에 눈물이 고이는 날이 더 많다. 이 쓸쓸함, 고독함, 외로움을 어떻게 표현해야 할지 모르겠다. 이제는 나 혼자만이 아닌 아이들의 엄마이기에 독단적인 생각은 버려야 한다. 외롭다. 언니는 얼마나 외로울까. 보고 싶은 언니. 나의 언니. 한 분밖에 안 계신 언니이기에 더욱 애착이 간다. 서울 하늘 아래 살면서 가고 오지도 못하고 이렇게 살아야 하는지.

주일인 오늘 교회에 가서 주님께 기도를 드리고 죄송한 것과 회개할 것 요모조모를 말씀드렸다. 항상 죄인인 나이기에 부끄러울 따름이다. 우정이에게 이다음에 엄마가 할머니가 되면 나에게 어떻게 대할 것인지를 물어봤더니 우정이 왈 아빠가 할머니보다 엄마를 더 좋아하니까 나도 내 마누라를 더 사랑해야지 않겠느냐는 대답에 할 말이 없어 대화를 끝냈다. 요즘 아이들은 지혜로워서 보고 느낀 대로 솔직하게 말하기 때문에 어른들이 많이 각성해야 된다는 것을 느겼다. 하얀 안개꽃을 꽃병에 가득 꽂아놓고 물속에서 이리저리 노니는 물고기들의 모습을 보며 그래도 마음의 여유가 있는 생활에 마음을 달래본다.

3부

散文

고통을 통해 진리를 찾다

남자로 태어났더라면

낮과 밤의 기온 차가 심해서 이제는 늦가을이라는 생각이 든다. 사람이 산다는 것이 서글프고 희비가 엇갈리는 것이 싫다. 어떨 때는 시집살이에서 벗어나고 싶어서 어디론가 멀리 떠나고 싶을 때가 한두 번이 아니었다. 지금은 한숨이 나올 뿐이다. 시누이와 시어머니는 나를 마음 아프게 하고 없는 말을 만들어서 말할 때 내가 이 속에서 어떻게 살아야 하나 생각할 때면 진정 회의를 느끼지 않을 수 없다. 남을 사랑하라는 말을 마음속에 떠올리지만 행동으로 옮기기가 쉽지 않다. 이 좋은 시대에 살면서 시집살이라니 기가 막힌 노릇이다.

겨울답지 않게 밖에는 영상의 기온이 계속되고 있다. 동아일보의 차이콥스키 콩쿠르에서 1위에 당선된 사람이 '경험과 노력은 돈으로 살 수 없다. 나쁜 조건이 있으면 오히려 그것을 발전의 기회로 삼아야 한다'고 말한 기사를 읽고 삼십칠 세를 무의미하게 살아온 나 자신이 부끄럽고 고개가 숙어질 뿐이다. 아무것도 없는 상태에서 풍성한 삶을 살아간다는 것이 쉬운 듯하면서도 어려운 것이다. 남자로 태어났더라면 아래에서부터 그 무한한 정상까지 도전하면서 살련만 여자이고 엄마이기에 그 열기를 식히며 하루 세끼 밥을 지으며 살아간다.

남편이라는 인연

　밖에는 봄을 재촉하는 비가 나지막한 소리로 조용히 내리고 있다. 하루에 한두 번씩 전화를 꼭 해주는 남편은 오늘 아무 소식 없이 일에 열중하는지 어떠한 일에 몰두하는지 모르겠다. 남편이 무엇이기에 나의 마음에 이렇게 많이 차지하고 있을까. 결혼 초부터 지금까지 내 마음을 거슬리지 않게 하고 무척이나 사랑을 해주기 때문에 조금만 소홀히 해도 눈에서 눈물이 나올 것 같다. 어렸을 적에는 아버지한테 사랑을 많이 받았고 miss 때에는 남자들의 선망의 대상이었던 나. 정조를 생명과 같이 여겼기에 남자 사원들이 더 사랑을 베풀었고 명문대 출신들도 나에게 접근을 못 했다. 지금에 와서 가만히 생각해보면 그때 나는 너무 고지식하고 보수적이고 자신만 앞세우는 여자였다. 남자하고는 다방에서 차 한잔도 마시지 않았고 케케묵은 고집을 지녀서 명문대 출신들을 사귀어 보지도 않고 한 번에 거절해 버렸다.

　하루에 한두 차례 비가 오다 그치다 변덕이 이루 말할 수 없다. 외로울 때, 기쁠 때, 고마울 때 등등 글을 쓰는데 오늘은 외롭고 마음이 아파서 글을 쓴다. 남자에 대해서 경험이 많았으면 데이트도 실컷 해보다가 내 성격에 맞고 경제적인 여건도 풍부하고 술도 어느 정도 할 줄 알아서 처가 집 사정도 잘 알아 같이 아파해줄 그런 남편을 원했는데 이제 와 누굴 탓할 수도 없고 내가 뿌린 씨 내가 거두어야만 한다. 그러다 보니 눈에는 눈물이 흐르고 고독하고 쓸쓸하다. 일생일대에 단 한 번밖에 안 할 결혼인데 더욱 신중했었다면 지금과 같은 외로움은 없었을 텐데.

아버지가 폐암에 걸리다

처서가 지난 지 며칠, 왔다가 떠나는 것이 사람의 길인지 세브란스 병원에 부지런히 다닌다. 아버지가 폐암이라는 소식을 듣고 계속 눈물이 흐른다. 울어도 울어도 식지 않는 눈물이다. 하나님께 설마 설마하며 기도를 드렸건만 앞으로 주님께서 어떻게 인도하여 주실지 몰라도 지금의 내 심정은 암담하고 슬플 뿐이다. 아버지, 앞으로 팔십까지는 더 살아주세요. 부탁합니다. 하나님 그렇게 될 수 있도록 인도해주세요.

아버지가 병원에 계신지 한 달이 되어간다. 오늘 수술실에 들어가셨다가 혈압이 250까지 올라가서 도저히 수술할 수 없어 그냥 나오셨다. 안타까운 심정을 어떻게 말할 수 있을까. 아버지가 오래 사시지 못할까 봐 걱정이다. 살아계시는 동안 마음 편하게 식사 대접 잘 해드리다가 하나님 영접하고 하늘나라로 가셔야 되는데…. 누구나 언젠가는 세상과 이별해야 하는데 부귀영화 누리지 못하고 가신다는 것이 애처롭고 마음이 아플 뿐이다. 앞으로 6개월이면 이 세상에 계시지 않겠지. 기가 막힌 일이다.

시어머니는 세상에 안 계신다

　아카시아 꽃내음이 문을 열자 내 코를 찌른다. 내 이기적인 성격이 점점 고개를 쳐들고 있다. 무엇 때문에 자신을 괴롭게 만드는지 나는 내가 너무 싫다. 이 아름다운 계절에 아무것도 남겨놓은 것 없이 세월만 보낸다. 애꿎은 아이들에게 화풀이하고 야단친다. 우리 아이들은 무한한 가능성이 있는 총명한 아들들인데 개발을 해주고 뒷바라지를 해줘야 하는데 은근히 걱정이 된다. 그래도 모든 것을 긍정적으로 바라봐야겠다. 이제 시어머니는 이 세상에 안 계신다. 나를 보석처럼 생각하신다는 어머니였는데 우여곡절도 많았고 미운 정 고운 정이 들어서 집에서 떠나실 때 나의 못된 행동에 죄스러울 뿐이었다. 먼 세상에서 편히 계시길 바랄 뿐이다. 요즘 소설가 이문열 씨의 〈사색〉이란 책에 빠져 시간 가는 줄 모른다. 차원이 높은 글귀에 익숙하지는 않지만 다시 반복해서 읽으니 내가 소설가가 된 것 같다.

아버지의 부고

　음력 4월 25일에 우리 아버지는 이 세상을 떠나셨다. 언니와 나를 남겨두고 죽음을 앞에 두신 아버지께서 혈육이 무엇인지 언니에게 만 원을 주라고 손짓하셨다. 가난에 찌든 언니를 걱정하며 아버지는 이틀 후에 이 세상을 떠나셨다. 엄마를 일곱 살 때 여의고 아버지의 호흡을 따라 여태껏 외로운 것을 몰랐었는데 오늘 너무나 허전한 마음 이룰 길이 없다. 그 어느 것 하나 이해타산 없이 무조건적인 사랑을 주셨던 아버지. 우리 아버지는 지금 포천에 누워계신다. 병중에 계실 때 나에게 자주 전화해서 혜란아 혜란아 하며 목놓아 부르던 아버지. 이 불효한 자식을 용서해 주세요. 아버지!

　강한 바람을 동반한 비가 말없이 세차게 내리고 있다. 구약에서 나온 노아의 방주가 생각난다. 얼마나 더러웠으면 하나님께서 보시고 싹 쓸어버리셨을까. 창밖으로 오는 비를 보면서 많은 생각이 내 머릿속을 스쳐 간다. 그야말로 큰 나무와 바위일수록 바람과 비를 더욱 세차게 맞는 걸 보면 크게 될 사람도 많은 시련 끝에 결실을 크게 이룰 줄 믿는다. 국회의원 신순범 씨의 생력을 들으며 정말로 크게 될 인물은 말로만 하는 게 아니라 심지 굳은 행동으로 세상 속에 우뚝 서게 된다는 것을 알게 되었다.

시어머니 묘 앞에서

시어머니께서 묻히신 묘에 갔다 왔고 생전에 내게 주신 사랑을 회고해 보았다. 타인에게 양보를 하지 않는 까다로운 성격의 나는 어머니 살아생전에 좀처럼 마음의 정을 주지 않았다. 그것이 너무 죄송한 생각이 들어서 묘 앞에 앉아 울기만 했다. 아이들이 자라 내 나이가 되었을 때 당대에 취했던 나의 태도를 누군가 하겠지 싶으니 두렵기도 하고 외로울 것도 같다. 인간은 태어나는 순간부터 외로움과 함께 살아가는 존재인가 보다. 신길동 엄마를 그렇게 믿었는데 아버지 가시고 나서 몇 번의 외로움을 깊이 감지해야 했다. 추석이라 내일 가야 하는데 가지 않으련다. 며칠 전부터 서러움이 복받쳐서 어디서 노랫가락만 흘러도 눈물이 흐른다. 많은 지식이 사람의 됨됨이와 학식을 만들어내듯이 우리 종교인들은 성경과 가까이 접해야 한다. 그러나 난 요즈음 머리가 복잡하다. 한 달에 한 번씩 만나는 동창회 모임에서 배우는 것도 많지만 나 자신이 너무나 초라해지기 때문에 슬픔을 감추고 외적으로 풍요로운 얼굴을 하는 내 자신이 미울 뿐이다.

수술을 잘 마치다

화분에 잡초를 심어놨더니 이름 모를 풀이 자라고 있다. 창문 쪽을 바라보노라니 마음이 깨끗한 느낌을 받는다. 삼 년 전에 왼쪽 유방 수술을 하고 어제 검진을 했다. 내일 결과가 나오는 날인데 악성이 아니길 바라는데 뜻대로 되려는지 알 수 없다. 이곳저곳에서 전화가 왔는데 아무런 대꾸를 하고 싶지 않아 간단하게 말을 하고 끊었다. 그런 내 모습을 보고도 속이 깊은 우리 장남은 무슨 일인지 물어보지도 않고 둘째는 자꾸 물어보며 대답을 기다린다. 그런 우리 아들들이 너무 사랑스럽고 이쁘다. 나의 아들들아! 이다음에 성장하면 최선을 다해서 훌륭한 사람이 되어라.

수술을 잘 마치고 붕대를 푸는 날이 며칠 남지 않았다. 남편의 보살핌에 고마움을 느끼며 남편이 아닌 아버지 같은 느낌을 받을 때가 많다. 회사에서 건실하게 일한 보람으로 사업주의 배려로 수술비를 보조받았다. 음악은 나에게 있어서 유일한 삶의 지주가 되어주고 자연과 더불어 상상력을 길러주는데 커다란 작용을 해준다. 자연은 사시사철 변함이 없고 교태도 부리지 않고 정신적인 배신도 없다. 나는 자연을 닮고 싶은데 세상을 살아가는 데 있어선 전혀 도움이 되지 않는 것 같다. 왜 마음이 공허하고 울고 싶은 걸까? 나는 왜 이런 이중적인 마음을 가져야만 하는 걸까? 괴롭고 외롭다. 나에게는 남편도 있고 두 아들도 있건만 왜 외로운 마음이 드는 건지 모르겠다.

영원한 삶과 영생의 삶

　인간이 가장 아름답게 보일 때가 언제일까. 마음이 진실하고 순수한 마음을 지니고 있을 때가 아닌가 싶다. 위선의 가면 속에서 겉과 속이 다른 생활을 하는 자아를 발견할 때 가장 부끄럽고 죄스러움을 느낄 것이다. 진실을 외면하고 거짓과 동행하며 살아가는 사람들이 있고 한 사람의 신앙인으로서 진실하게 살지는 못했지만 순수하게 살아가려고 노력하는 나. 산다는 것이 무척 쉬운 듯하면서도 어려운 것 같다. 하나님께서는 사람들의 영혼에 지대한 관심을 기울이고 계시며 모든 사람들이 주의 품 안에 영원히 거하기를 원하신다. 하나님께서는 사람들이 이 땅에 사는 동안 일시적인 부귀와 영화에 관심을 기울일 것인지 아니면 영원한 삶과 영생의 삶에 관심을 기울일 것인지에 대해 선택할 권리를 맡기셨다. 전자를 택할 것이냐 후자를 택할 것이냐는 주님과 항상 소통하고 순수하게 부르짖는 자만이 누릴 수 있는 것이다.
　세상의 더러움, 이제는 끝까지 온 것일까. 매스컴을 통해 듣고 본 것이지만 사람이 과연 사람답게 살려면 어떻게 살아야 하는 것일까. 이제는 효 사상이나 형제간의 사랑이 모두 삭막해져만 가는 이 세상이 되어버렸다. 부모의 재산을 노리고 아들이 부모를 죽이고 형제간의 우애가 끊기고 친구 간의 우정도 메말라가는 이 세상이다. 사랑이라는 말은 너무나 아름답고 고귀한데 이러한 사랑이라는 말을 너무나 남용하고 더럽히고 있다. 그리고 요즘 현대인들은 충동적이고 생각을 바로 행동으로 옮기는 무서운 세상이 되고 있다. 나는 왜 공부를 더 하지 않았을까? 그것은 나의 무능력 때문일 것이다. 뭐라고 변명하고 싶지도 않고 누구의 탓이라고 꼬집어 말하기도 싫다. 요즘의 지식은 돈으로 연결되는 세상이고 보니 누가 옳고 그르다고 판단하기 애매하다.

믿지 못할 세상이다. 배금주의가 판을 치는 세상. 지금의 현실이다. 내 형제가 그렇고 이웃과 나라가 그렇고 이 세계도 그렇다. 이제는 사람의 인격도 돈과 비례하는 세상이고 보면 사람보다 물질이 먼저다. 물질에게 인사하고 거기에다 나를 맡긴다. 부패하여 썩는 냄새가 이곳저곳에서 코를 찌르고 보면 이기적인 인간들은 싫고 추하고 보기도 싫다. 아기의 가식 없는 천진한 눈이 그립고 보고 싶다.

신길동으로 이사하다

　용산에서 신길동으로 이사할 날이 스무엿새 남았다. 앞으로 잘 살아야 하는데 내 집을 장만하면서 융자를 끼고 장만하는 거라 조금은 부담스럽다. 과연 내가 일을 해서 융자를 갚아나갈 수 있을지 두렵다. 그리고 여기서 약을 더 먹게 되는 것은 아닐지 의문스럽고 주님께 계속 기도를 올리지만 인간이기 때문에 나약한 면을 보이지 않을 수가 없다. 시부모님께 일전 한 푼 물려받지 않고 남편과 내가 일을 엮어나가려니 너무나도 벅차다. 아무 생각하기 싫다. 흘러가는 세월을 잡을 수 없고 나 자신이 이룩한 것은 하나도 없다.
　흐르는 세월 따라잡을 수 없고 신길 3동 327-43으로 이사 온 지 한 달하고 오 일이 지났다. 내가 여기 온 것이 후회스럽지는 않다. 왜냐하면 이곳에서 청소년기를 보냈고 청년기도 지낸 곳이기에 그렇게 낯설지는 않다. 내 집을 장만해서 한편으로 뿌듯하고 한편으론 융자받은 것에 대한 부담감이 있다. 남편은 아직 귀가하지 않았고 오늘 또 화투를 치고 안 들어오려나 보다. 이제는 만성이 되어 외로움에 익숙하다 보니 글을 쓰게 된 것이다.

남편에 대한 사랑

　순수함을 지녔던 사람의 속은 검고 더러운 이기가 가득 차 있고 겉은 하얀 이가 웃음 속에 가소로움이 섞여 가증스럽다 못해 혼탁하게 얼굴에 나타나 있는 것을 느꼈다. 세월이 나에게 알려주는 것은 슬픔과 기쁨이 교차되어 울렸다 웃겼다 연극의 연속이다. 우리 아버지처럼 청렴결백하게 솔직하게 살련다. 자부심을 갖고 어깨를 활짝 펴고 용기를 내자.
　나 자신을 다시 재정립해보는 시간을 가졌다. 자신의 위치에서 이성적으로 행동해야 하는데 요즘 세태가 세태인 만큼 많이들 흐트러져 있고 나 역시 그 대열에 끼어 있다. 깨끗한 물이 아름답게 흐르듯 나의 마음도 육신도 아름답게 행동에 옮겨지길 노력할 것이다. 오늘도 밖에서 열심히 근무하는 남편에게 죄송스럽고 남편에게 잘해야 한다는 다짐을 한다. 진솔하게 나만을 지켜봐 주고 사랑해주는 남편에게 감사하고 그 누구도 내 마음속에서 남편과 대등한 사람은 없다. 여보, 고마워요. 감사해요. 사랑합니다. 우리 아버지가 당신을 좋아했듯이 나도 당신을 좋아합니다. 묵직한 성격의 내 남편을 사랑하고 좋아합니다.

너무 그리운 부모님

　늦은 봄을 알리는 힘찬 비가 밖에서 내리고 있다. 문명이 발달한 오늘날 그 모든 것을 골고루 누리지 못하는 것이 안타깝고 어떤 때에는 남편에게 고마움을 느끼지만 또 어떤 때에는 내가 왜 이렇게 살아야 하나 울화가 치민다. 인생이 허무하고 헛되고 헛된 것뿐이다. 집을 장만하기 전에는 집 때문에 걱정을 했는데 이제는 더 큰 평수를 원하고 욕심이 끝없이 생긴다.
　'가만히 오는 비가 낙수 져서 소리하니 오지 않은 이가 일도 없이 기다려져 열린 듯 닫힌 문으로 눈이 자주 가더라' 라는 시가 머릿속을 자꾸 맴돈다. 왜일까. 나의 속일 수 없는 내심의 감정일 것이다. 이렇게 멀리서 그리워하는 것도 만나지 않는 것도 이유가 있는 것이다. 내 앞에는 아버지의 사진이 있고 보고 싶을 때마다 사진을 보고 말씀드린다. 현세에서 누리지 못한 행복 천상에서 영원한 복락 누리시길 기도한다.
　소프라노 조수미의 노래를 들으며 별빛이 빛나는 이 밤에 아버지의 사진을 본다. 항상 고독하고 외로우면 글을 쓰는 습관이 몸에 배어 있다. 어두운 밤이면 찾아오는 별. 변함없이 오늘도 무수한 별들이 떠 있고 주말이면 행락객들이 서울을 빠져나가 외곽지역으로 흩어진다. 문화의 이기도 좋지만 나는 옛것이 그립고 시골이 좋다. 서울이 고향인 고로 시골의 흙냄새와 인정이 넘치는 시골의 풍경이 좋다. 2년 전에 찍은 아버지의 묘를 보노라니 나의 마음 숙연해지며 육신의 끝이 흙이라는 것을 알았다. 그리움이라는 단어는 막연하지만 아주 좋은 단어이고 정감이 어리는 말이다. 나는 그리움을 좋아한다. 그리움은 나와 아주 밀접한 관계를 맺고 있다. 엄마와 아버지가 내 곁을 떠나신 후에 나는 그리움이란 단어를 무척 좋아하게 되었다. 엄마의 사진은 없고 아버지의 사진을 크게 확대하여 안방에다 놓고 대화를 나눈다. 현세에 계셨을 때 호의호식 못 하셨던 나의 부모님을 위해 정성으로 주님께 기도한다. "천상영복" 받게 해달라고 간구한다.

우울의 원인

　바깥 날씨에 따라 사람의 마음이 여러 가지 색깔로 나뉜다. 우울이 나에게 접근한 지 어언 십칠 년이 되었고 나에게서 조금은 멀어져 가는 느낌이지만 나의 여건과 언니의 방황 등이 우울의 원인이지 않을까 생각한다. 깊은 우울함에 빠져들 때면 기도로써 물리치는데 가장 효과적인 방법의 하나이다. 내 가장 귀한 두 아들 때문에 생각이나 행동에 절제를 하며 모범이 되려고 노력하지만 나약한 나이기에 쉽지가 않다. 예쁘다는 말을 주위에서 듣곤 했는데 조금씩 달라져 가는 나의 모습이 조금은 서글퍼지고 자연의 순리에 따른다고 하지만 왜 세월에 달라져야만 하는지 알 수 없고 그것은 누구도 거부할 수 없는 현실이다.
　늦은 가을 속에서 낙엽들이 퇴색되어 가고 가을 하늘은 더욱더 높아져만 가고 있다. 결혼생활에서 단풍놀이는 나와는 상관없고 나의 눈에선 눈물만 글썽거린다. 그 누군가가 자꾸 나를 향해 손짓하는 유혹에 혹시나 빠져들지는 않을까 겁이 난다. 날씨나 계절이 갖다 주는 모든 것이 내 마음을 흔들어 놓는다. 주위의 시선이 우리의 생활에 많은 제재를 가져다주는 것을 보면 공동체 생활이 좋은 점보다는 나쁠 때가 더 많은 것 같다. 나의 위치를 예나 지금이나 점검을 하고 되돌아보면서 행동을 절제한다. 남편은 처음이나 지금이나 뭐라고 할 수 없이 좋은데 재력이 너무 딸리다 보니 오늘 같은 날은 나를 더욱 울린다. 엄마가 계셨으면 진실된 마음을 터놓고 상의할 수 있었을 텐데 세상의 뭐가 그리 싫었던지 삼십 년 전에 세상을 뜨셨다. 남자란 무엇인가. 그 존재의 가치 척도를 재보려고 무진 애를 쓰며 마음의 자로 재보려 했지만 알 수가 없다. 이럴 땐 유부녀란 단어가 귀찮을 정도로 싫고 저 바닥에 던져버리고 싶은 심정이다. 언니의 외로움은 곧 나의 외로움이고 언니의 기쁨은 곧 나의 기쁨이다. 혈연관계는 이래서 진한 것 같다. 며칠 전에는 언니에게서 슬픈 말을 들었다. 내가 자신의 복을 전부 가져갔는지도 모르겠다며 울음을 터뜨렸다. 오래된 언니의 공허감을 나도 느낄 수 있었다.

하나님의 은혜와 순리

이십 구세 때 육신과 영혼이 죽을 나를 하나님의 은혜로 다시 살게 되었다. 우선 주님께 감사드리고 아버지께 감사드린다. 이북에 계신 아버지의 친족분들이 식량 기근 때문에 무척이나 고생들 한다는데 그분들은 괜찮으신지 모르겠다. 남북통일이 되면 찾아보라고 아버지께서 친필로 함자를 일일이 적어주셨는데 아버지의 귀중한 필적이기에 카피 떠서 우리 집 가보로 남겨놓으리라. 언제라고 단정할 순 없지만 아버지 묘소를 말끔히 단장해드리려고 한다. 잠을 적게 자고 항상 글을 쓰라는 아버지 말씀. 요즈음은 틈만 나면 글과 친해진다. 오디오에서는 내가 좋아하는 '민들레 홀씨 되어'라는 곡이 흘러나와서 흥을 돋우고 기독교방송에서는 좋은 음악이 계속 흘러나와 감정을 더욱 풍요롭게 만들어준다. 그리고 가수 김종서의 '아름다운 구속'이라는 음악도 흐른다.

사람의 감정이 왜 이리 처음과 끝이 다른지 알 수가 없다. 자연의 순리에 따라 사람의 마음도 순수 그 자체로 흐르면 안 되는 건지 알 수 없다. 많은 것을 배우고 느끼고 마음의 주체를 잡으려고 안간힘을 쓰는 내가 처절하기까지 하다. 주님, 제 마음을 굳건하게 하도록 붙잡아주시옵소서. 부모님을 생각하게 하시고 자식과 남편을 다시 한번 돌아볼 수 있도록 이끌어주시옵소서. 안간힘을 쓰는 저를 불쌍히 여겨주시옵소서. 골고다 언덕에서 십자가를 지고 가시는 주님을 생각하게 하여 주옵소서.

생명 존중과 외래문화

우리에게 주어진 생명은 소중한 것이다. 학력과 지위, 재산, 신분 등은 이 세상에서만 통용되는 장식품에 불과하다. 주님께서는 당신이 주신 생명을 얼마나 가치 있게 사용했는지 물으실 것이다. 내일이 있다고 생각하지 말아야 한다. 오늘 하루가 그리고 이 순간이 중요하다는 사실을 깨달아야 한다. 아침에 눈을 뜬다는 사실은 하나의 기적이다. 오늘 하루의 생명에 대해 감사드립니다.

요즈음 결혼하기 전에 서로의 성격 등을 점검하여 모든 것이 비슷할 때 결혼해서 살고 정식으로 혼인신고를 하라고 한다. 그전에 계약 결혼이라 하여 미리 살아버리는 어처구니없는 남녀들도 있다. 나는 좀처럼 이러한 풍조를 이해하기 어렵다. 한마디로 웃기는 문화가 들어왔다고 생각하고 인간의 삶은 미로의 연속이다. 끝이 보이지 않는 긴 터널과도 같다. 요즘 나의 머릿속은 기쁨과 행복, 위선과 슬픔, 외로움과 시련, 깨우침 등의 생각들이 교차로 일어나고 있다.

서로 닮은 자연과 인생

오늘은 음력 사월 이십사일 친정아버지 기일이다. 인생이 한 번 태어나서 죽을 때까지 몇백 년, 몇천 년이 아닌데 그동안에 너무나 많은 고통이 따른다. 우리 아버지도 예외는 아니었다. 많은 나날들을 괴로워하며 신음하신 것을 알고 있다. 술로 시름을 달래시며 사람들에게 인정을 베풀고 사셨는데 인생의 끝에서는 자신과 타협을 못 하시고 하늘로 오르셨다. 딸자식으로서 다 못한 효도를 오늘 위령 기도로 드리며 천상 명복을 빌어드렸다. 아버지, 이다음에 만나 봬요.

남의 집 담장 너머에 핀 새빨간 장미꽃을 보고 너무 아름다워서 시장에 가서 흑장미로 세 송이를 사가지고 와서 큰 화분에다 정성껏 심었다. 빨간색보다 더 진한 색의 장미를 심고 나니 너무나 기분이 좋고 내년에는 더 많은 열매를 맺어서 꼭 꽃을 피웠으면 좋겠다. 빈 공간이 있어 장미나 대추나무를 심으면 더욱더 자연의 어우러짐을 느낄 수 있을 텐데 공간이 비좁아서 화분에만 심고 본다. 자연의 조화는 주님의 섭리이니 그 어느 것 하나 주님께서 손 안 댄 곳이 없다. 자연은 글이나 말로 표현할 수 없는 그 이상의 묘미가 있다. 사흘간 신경성이 우울증으로 변하여 많이 아팠지만 기도로써 재무장하여 다시 활기를 얻었다.

내가 좋아하고 나를 좋아해 주는

 음악을 듣거나 노래를 부르는 것은 지상에 사는 동안 우리가 누릴 수 있는 가장 행복한 특권임에 틀림없다. 시와 기도와 음악 사이에서 별처럼 떠올랐다 스러지는 나의 고마운 하루여. 어둠 속에서도 빛이 고이는 삶의 평화여! 봄비의 용트림과 거센 비바람이 계속 몇 분 만에 많은 물을 퍼부어댄다. 아름답게 만개했던 꽃은 비바람에 바닥으로 떨어져 마구 뒹굴며 아픔을 토해내고 굵은 나무에 붙어있던 세월의 검은 때와 병폐를, 나의 병마를 휩쓸어버렸으면 좋으련만. 아름다운 숨결의 비바람은 오늘도 세차게 내리지만 검은 병폐는 사라지지 않고 비바람만 허울 좋게 힘을 내고 있다. 우리도 자신에게 사랑이란 물을 주어 존재를 아름답게 꽃피워야 하며 공동체 속의 너와 나는 너무나 아름다워 보인다.
 우리 집에 식구 하나가 늘었다. 다름 아닌 지중해 연안에서 들어온 말티스 종류인 애완견인데 이름은 혜주다. 퇴계로에서 사서 우정이가 껴안고 집까지 왔는데 똘망하다. 왠지 올해는 좋은 일들만 생길 것 같은 예감이 든다. 설날이 얼마 남지 않았다. 세월의 빠른 흐름에 그저 입만 벌어질 뿐 아무런 말이 안 나온다. 보수적인 면에서 많이 개방된 내 모습에 어떨 땐 자신에게 놀랄 때가 있다. 그래도 주위에서는 나를 무척이나 좋아한다. 나를 좋아하는 사람들을 나도 또한 좋아하리라. 선교국에 입교 동기를 원고에 실어 보냈는데 보기 좋게 떨어졌다. 복자와 금진이에게 냉면을 사주겠노라고 했는데 상금과 상패에 너무 기대를 했기에 보기 좋게 낙방했다. 내 주위에는 좋은 친구들과 좋은 여러분들이 있어서 너무나 좋다. 어제부터 9일 기도에 들어갔는데 더 많은 선물을 주시리라 믿고 열심히 기도를 하리라. 좋으신 하느님 감사드립니다.

자연에서 떠올리는 꿈들

 아름다운 꽃잎이 떨어져 뜨거운 햇살에 바짝 말라 바닥에 뒹굴며 또 다른 여름의 꽃을 피우기 위해 햇살이 뜨겁다. 하루의 날을 뒤로 하며 여왕의 달인 오월이 손짓을 하고 있다. 엘니뇨 현상으로 올해는 무척이나 뜨겁다고 하는데 마음은 여름을 향하여 달려가고 있어서 올해만큼은 동해에서 며칠 푹 쉬다 오고 싶지만 여건이 되지 않아 이루지 못할 것으로 생각된다. 옥상에 심은 동백꽃이 활짝 피어 지금은 바닥에 많이 떨어져서 그 예쁜 색을 가진 잎이 가엽기까지 하다. 세월이 지나면 어김없이 자신의 모습을 보여 주겠지. 말도 많은 사월의 마지막 날을 아쉬워하며 커피 한잔으로 대신한다.
 어두침침한 궂은 비는 뒤로하고 밝은 햇살이 비춰며 침침한 마음을 전환 시켜주고 있다. 음과 양의 조화로 말이다. 외롭고 쓸쓸하고 어디든지 훌쩍 뜨고 싶은 날이다. 공부를 확실하게 더 했던들 지금쯤 외교관 아니면 예술계 쪽에서 나의 재능을 살리며 이렇게 세월을 무심하게 보내지는 아니할 텐데 나의 무능력에 할 말이 없다. 하지만 이렇게 나의 감정을 글로나마 대신할 수 있어서 감사하다. 사람의 감정은 언제나 항상 변화한다. FM에서 흐르는 음악에 손과 발을 맞추며 흔들어본다. 약간의 기분 전환이 되지만 기초적인 내 마음을 잡아주지는 못하고 그저 마음으로 정신력으로 나를 다스린다. 기본적인 신앙의 힘이 있기 때문에 신앙에 많이 기대고 있다. 나의 모든 것을 사랑하고 언제까지나 나는 나를 지켜주리라. 그리고 언젠가는 꼭 외국에 가보리라. 그중에서도 스페인과 네덜란드는 꼭 가보리라. 나의 성격과 맞아떨어지는 정열과 열정과 무한한 자유가 있는 스페인과 네덜란드에 꼭 가보리라. 라디오에서 나의 십팔 번 Ra novia 노래가 흐른다. 내가 무척이나 좋아하는 이태리 칸쏘네다.

항상 복을 주시는 주님

'구름에 달 가듯이 가는 나그네'라는 구절이 문득 떠오른다. 이것은 인생의 덧없음을 표현한 것 같다. 배가 풍랑을 맞아 휘청거리는 것처럼 모든 인간사가 다 그러한 것 같다. 나는 그래도 엄마를 일찍 잃은 것과 죽을 고비를 한 번 넘긴 것 외에는 대체로 평탄한 삶을 살아왔다. 주님이 주신 복을 한없이 누리는 것을 느낄 때 천지의 창조주이신 그분께 감사를 올릴 뿐이다. 주님과의 교류와 만남 뒤에는 기쁨이 배로, 감사가 수천 배로 늘었을 정도이다. 앞으로도 나와 함께 해주실 주님을 생각하면 무한한 기쁨이 온다. 나에게 복을 주신다는 주님께 항상 감사하는 마음으로 화답할 뿐 그 이상의 답이 어디 있으리오.

IMF의 후유증

그동안 우리는 청와대로 가기 위해서 수단과 방법을 가리지 않고 진흙탕에서 뒹굴며 싸우던 모습을 봐왔다. 청와대의 주인이 된 후 정경유착에 의한 부정 축재, 국민의 혈세를 유용한 수천억의 비자금, 온갖 흑색선전과 권모술수를 가리지 않는 여러 모습을 봐왔다. 악마에게 절하면서 권력을 장악한 위정자나 고위직 공무원, 재벌들의 말로가 얼마나 허무하고 참담했던가를 보고 또 보았으면서도 그 어리석은 행렬들이 끝나지 않는다. 그리고 건축 경기 불황, 포장마차 좌판 빈민들, 실직노동자, 무의탁 노인들, 빈민 구제 활동, 결손 가정 아이들 등 도시 빈민들을 위한 사업들은 계속 이루어져야 한다.

세상이 험악하게 변하여 나로서는 감당치 못할 일들이 벌어지고 세입자들은 그것을 놓칠세라 이권 다툼을 하고 야단법석들이다. 십구 년 만에 허리띠를 졸라매어 장만한 집인데 IMF 한파가 세상의 구석구석을 휩쓸면서 애꿎은 서민들만 죽어라 한다. 조금만 신경 쓰면 위장에서 도통 소화가 안 되니 며칠은 우울증이 겹쳐서 고통의 날들을 보내야 하는 나인데, 요즘은 세입자들의 난리에 애꿎은 나만 신경성에서 헤어나질 못하고 있다. 주님, 저희 대한민국을 긍휼히 여겨 주시고 연약한 저를 돌봐주세요.

고통을 통해 진리를 찾다

　먼바다의 모래사장을 핥는 파도 소리처럼 아득하게 느껴지던 성서의 말씀들이 가슴 한복판에 해일처럼 밀려 들어와 영혼을 적시는 느낌이었다. 나는 그때 주님의 성령이 내 마음에 오셨음을 알게 되었다. 그때 우연히 거울을 본 순간 내 얼굴이 변화하는 것을 보았다. 그리하여 마침내 마음속에 성령의 열매가 맺어지게 해달라고 기도드렸다. 성령이야말로 '주님의 숨'이심을 알게 되었기 때문이다. 죄악의 물에 빠져 죽어가는 나를 건져내어 인공호흡의 성령으로 살려내신 주님. 제가 믿음을 잃지 않도록 해주소서.
　세상에는 죽지 않을 수 없는 고통에 몰리는 수가 얼마든지 있다. 하지만 고통과 수고와 온갖 세상의 배반이 있을지라도 그것을 뚫고 다시 일어서는 용기와 믿음을 갖는 것이 또한 사람됨의 긍지와 가치다. '우리가 슬퍼하고 고뇌하고 사랑한 건 아무것도 헛된 것이 없어라' 고통을 통해 진리를 찾게 함으로써 고통이 인간에게는 없어서는 안 될 또 하나의 다른 은총이 된다. 인간의 가치가 무엇인지 일말의 인간성만 유지한다면 더욱 존엄성을 깨달으련만.
　IMF 체제 아래 기업의 도산, 가정의 파탄 속에서 암담한 시간이 언제나 끝날지 개개인의 기막힌 사연은 얼마나 많을 것인가. 쉽게 일

확천금을 얻은 사람이 부자행세를 하면서 인생을 꼴불견으로 살거나 사회에 누를 끼치는 것만 봐도 안쓰럽다. 자신이 힘들여서 번 돈이 아니면 그것은 무익한 것이다.

가을의 냄새

　청명한 가을 날씨에 점점 퇴색되어 가는 나뭇잎들 그 어느 예술인도 그릴 수 없는 아름다운 자연풍경. 경주 엑스포를 가고 싶지만 여건이 되지 않아 집에서 보며 그냥 올해도 눌러앉아 있을 것 같다. 내가 가장 좋아하는 이 가을 그 어떤 보석에도 비교할 수 없이 아름다운 가을이다. 깊어가는 밤 오디오를 켜고 음악을 들으며 가을의 냄새를 만끽한다. 점점 멀어져가는 세월처럼 앞으로의 세월의 고동 소리에 새것을 그리며 흐른 것은 뒤로 접고 오는 것은 새로운 마음으로 준비하며 맞이하는 지금이 설렌다.
　가을 하늘은 더욱 높아만 가고 가을이 가는 것을 아쉬워하는 듯 점점 멀어져간다. 자연의 섭리와 이치가 인간이 사는 이치와 똑같은 것 같다. 작년에 알로에를 심었는데 열매가 네 개 열려서 큰 화분에 각각 심어주었더니 지금은 각 화분에서 조그마한 것이 어미만큼 자랐다. 생긴 것도 어미와 똑 닮아서 자세히 보며 조물주의 섭리에 감탄하지 않을 수 없다. 너무나 탐스럽게 잘 자라준 것이 고맙기도 하다.

사랑은 숙명적인 것

요즘 김동길의 저서 〈죽어서 흙이 될지라도〉라는 책을 보면서 많은 것을 느끼고 있다. 그 내용을 보면 이성에 대한 매력이 눈을 통해서 들어오고 그다음에 목소리를 통해서 감지되고 냄새에서도 이성의 매력이 느껴진다. 이 과정 하나하나가 감동이고 심장을 뛰게 하는 일이다. 누구든지 정말 사랑하는 사람을 찾은 사람은 성공한 것이다. 사랑한다면 상대가 천 리 밖 만 리 밖에 있다고 해도 걱정할 것이 없다. 사랑에는 거짓이 없기에 그런 것이 토대가 되어서 남녀 사이에 사랑이 성립되고 결혼이 성립되어야 아름다운 것이다. 사랑은 예술이며 언제나 예술의 정리(定理)는 '본능 플러스알파'이다. 사람이 그 예외일 수 있을까? 인간은 성을 억제하거나 조절할 수는 있어도 성을 초월할 수는 없다. 성을 초월하면 사람은 사람이 아니라 신이다. 아무리 면벽구년(面壁九年)의 고행을 끝내도 남자는 남자이고 여자는 여자이다. 루터는 가톨릭 수도원의 수도승이었고 후에 그의 아내가 된 카다린은 착실한 수녀였다. 비구승과 비구니도 성이라는 문제를 놓고는 예외가 되기 어렵다. 사랑은 숙명적이고 결코 인위적일 수는 없다. 속아도 믿어보자는 엉뚱한 논리, 어처구니없는 윤리. 가까운 이들에게 그렇게 속아보자고 권하곤 하는데 믿었다가 잃는 것은 대부분 물질이지 정신은 아니다.

부러울 것이 없다

설날 마지막 날인 오늘 날씨는 흐렸는데 마음은 기쁘고 주님께 감사를 올리게 된다. 엄마와 조카 시찬이, 나 이렇게 셋이서 작은아버지 댁에 가서 느낀 점도 많고 작은 집에 대해 주님께 기도를 올렸다. 엄마의 고생이 여전하고 작은 집의 정신적인 고충들이 잦을 날 없이 이어지고 있다. 나는 요즘에도 아버지와 엄마, 시부모님에 대한 기도를 드리고 있다. 돌아다녀 보니 내 집이 얼마만큼 천국인지를 절로 깨닫게 되는 것 같다. 축복을 많이 받은 우리 집. 앞으로도 계속해서 받아 누림을 아노라. 주님, 감사합니다.

오전에 따스해서 사장님 댁에 인사차 다녀오리라 마음먹고 큰아들과 함께 영등포 신세계 백화점에서 민속주를 삼만 이천 원 주고 사서 동부이촌동에 가서 인사드리고 왔다. 평수가 우리보다 큰 것 외에는 아무런 부러울 것이 없다. 왜냐하면 내 곁에는 두 아들과 군자와 같은 남편이 있기 때문이다. 그 외에 부러울 것이 무엇이 있겠는가. 그리고 나의 주인이 되시는 목자 예수님이 계시고 여호와는 나의 목자시니 내게 부족함이 없으리라는 말씀이 내 집에 가득 채워져 있기에 그 무엇도 부러울 게 없다. 세상의 주관자이신 그리스도님, 내 마음과 우리 가정 안에 살아계시니 그것만으로도 행복하다.

만남의 의미

　우수(雨水)에는 바람이 무척 세차게 불어대며 대동강 물도 풀린다 했다. 세월의 흐름에 넋이 빠질 만큼 시간이 빠르고 그 누구도 이 세월의 흐름에서 예외일 수 없겠지. 재력을 많이 비축한 사람은 이 시간이 얼마나 원수처럼 느껴질까. 가진 자여, 없는 이들을 위해서 베풀 준비를 하는 게 어떨지. 그 누구도 가는 세월을 막지 못하고 같이 휩쓸리겠지. 시집을 때 시어머니께서 내 사주를 보았더니 초년에 말로 태어났지만, 중년에는 뱀으로, 말년에는 봉황새가 된다는 말을 들었다고 한다. 어떤 역술가는 사십 대 후반부터 귀부인 소리를 들으며 팔십 이세까지 산다고 했는데 그것은 앞으로 살아 봐야 알 수 있을 것이다. 주님이 나의 목자가 되시는데 그 무엇이 부럽겠는가.
　만남이라는 단어는 좋은 말이다. 나는 엄마와 만나고 아버지와 만나고 언니와 만나고 동생들과 만났다. 나는 남편을 만났고 시어머니와 시누이를 만났다. 그리고 나의 아들들과 만나고 세입자와 만났다. 그중에서 가장 획기적인 만남의 대상자는 그리스도이시다. 그리스도와 만났기 때문에 겸손과 만났다. 그리스도가 알려준 만남의 최고는 사랑이었고 그다음의 만남은 축복이었다. 나는 만남 중에 제일 소중한 만남은 우리 부모님과 만남이라고 생각한다. 그리고 이 글과의 만남 또한 대단한 만남이 아닌가.

고난이 많은 인생길

　사람은 무엇 하러 이 세상에 나오며 어디로 향해 가는가. 고통도 주님이 주신 은총이라고 했는데. 늙으신 부모님들에게는 고통 대신 행복을 주실 수는 없으신지 주님께 반문하고 싶다. 나의 시어머니도 현존해 계셨을 때 많은 고생과 괴로움을 겪으며 살다가 고인이 되셨고 친정아버지도 많은 외로움과 가난을 겪으시다 고인이 되셨다. 어떨 땐 화가 난다. 왜 우리 주님은 고통과 외로움, 슬픔을 조금만 적당히 주시고 복을 허락해 주시지, 그렇게 힘들게 살다가 가게 하실까. 그것에 대해 지금도 나는 알 수가 없다. 생존해 계신 친정 어머님과 연세가 연로한 모든 분들에게 충분한 은총을 주시기를 바라는 마음이다.
　어제 내 친구 금진이와 통화를 했는데 그 친구와 대화를 나누면 부담이 없고 상대방의 말을 항상 사랑으로 받아들이며 칭찬을 아끼지 않는다. 그 친구에게 나는 이렇게 말했다. 너와 대화를 나누면 성령님이 함께 하신다는 것을 느낀다고. 항상 나에게 글을 쓰라고 권해주는 좋은 친구인데 말에서도 사랑이 넘치고 아낌없는 칭찬을 해주는 친구여서 항상 고마움을 느낀다. 오늘로 로사리오 기도를 나흘째 성모님께 드렸는데 드리는 도중에 성모님께서 말씀하셨다. 나는 그 음성을 듣고 두려워 말라는 말씀과 소원대로 해주겠노라는 인자하신 음성으로 나를 사랑하신다는 음성을 들었을 때 깜짝 놀랐다. 하지만 지금은 확신한다. 성모님께서 나와 함께 하신다는 사실을 아무도 모른다. 나는 너무 고맙고 감사해서 무한정 울었다. 나흘째 되는 날에 확신을 주시다니 놀라운 은총이다.

자연과 음악의 공통점

　구수한 한약 냄새가 온 집안에 퍼지고 있다. 아이들 주려고 생강에다 대추와 인삼 뿌리를 넣고 푹 끓이는 중이다. 큰아들은 대한민국 화폐에 관련된 일을 하고 있고, 작은아들은 여학생을 사귀고 있는데 그냥 옆에서 지켜보고 있다. 세 살 때 잃어버리는 줄 알고 한강으로 달음박질하니까 잠자리 한 마리를 손가락에 끼우고 '엄마' 하면서 우는 아일 업고 큰 대로를 뛰었는데 그때 잊어버리는 줄 알고 아득했다. 우리 두 아들 앞날에 큰 축복이 있길 기도한다.
　인간이 만든 공해 때문에 아름다운 무지개가 사라지고 있다고 한다. 만물의 영장인 인간은 많은 것을 만들어내기도 하지만 그 반대로 인간들이 만들어낸 것들 때문에 사라지는 것들도 많다고 한다. 비가 이틀 동안 계속 내리더니 오늘 햇살이 눈부시게 아름답다. 날씨가 우리에게 주는 것이 무한한데 우리의 이기심 때문에 아름다운 것들이 많이 배척당하고 있다. 날씨가 우리에게 주는 순수 그 자체를 햇살이 알려주는 것 같다. 그리고 세상에는 아직 아름다움이 많이 남아있고 나는 그것을 계속 누리고 싶다.
　인간이 만든 것 중에서 또 아름다운 것은 무엇이 있을까. 나는 그것이 음악인 것 같다. 자연과 음악은 공통성이 너무 많은 것 같다.

우리 마음의 더러움을 몰아내 주는 음악으로 오늘도 나는 채워진다. 살랑거리는 바람에 춤이 어우러져 기쁨을 만들어내고 있다. 무한대가 주는 음악과 자연. 고로 나는 부자이다. 이름 모를 새가 음악에 맞춰 듀엣으로 노래를 부른다. 아름다운 날들이 정말 고맙다.

마음이 태평한 날들

　녹음이 짙어가는 요즘, 어항 속의 인공 풀임에도 불구하고 색이 연두색이라 그런지 함께 노니는 형형색색의 물고기들과 색이 조화롭다. 안방에 커다란 어항이 있으니까 보기에 좋은데 나는 한 것이 없고 둘째 아들이 모두 해놓은 것이다. 요즘 나는 2층의 세입자 때문에 신경이 예민해져 있다. 조금 있으면 계약 만료일인데 물량은 싸게 많이 나와 있고 수요자는 없어서 집주인들이 애를 먹는다. 그중의 한 사람인 나도 무척이나 신경이 곤두서진다. 어항 속의 물고기들은 태평스럽기 그지없다. 태평한 날들이 계속되기란 힘든 일이겠지. 세입자를 받으려는 집주인이 너무 많기에 마음을 조금만 더 편안하게 비우자.
　초여름 날씨가 어제오늘 계속 이어지고 있고 날씨는 청명하다. 이름 모를 새의 지저귀는 소리, 장마철을 대비하여 이곳저곳에서 망치 두드리는 소리, 처녀와 총각이 바람나는 소리. 나는 19살 소녀 마음이 되어서 마음만 괜히 설렌다. 전기밥솥에 밥을 안쳐놨는데 끓는 냄새와 구수한 냄새가 퍼지고 음악 소리와 바람 소리가 한데 섞여 있다. 어제의 아름다웠던 추억들은 마음의 재산이라 했는데 나는 지금 울먹이고 있다. 너무나 짙고 아름다웠던 시간들. 분초가 아깝

도록 그립고 그리운 날들이 새삼 마음속을 스치며 가슴을 때린다. 시간이 지남에 따라 사랑이란 참 미묘하다는 것을 느낀다. 편안하게 숨을 쉴 수 있다는 것만으로도 감사하다. 봄철에 피는 꽃들을 구경하러 가진 못하지만 향기로 느끼고 있다. 또 내가 좋아하는 팝송 'my heart will go on'을 따라부르며 음악에 심취해본다. 아름다운 날들과 아름다웠던 날들. 가슴 속 깊이 앞날을 생각하며 가슴 설렌다. 인생이란 내가 연출하기 나름이니 주인공 역할을 잘해나가야겠다. 이 순간의 숨소리에 감사하고 내가 사랑한 사람들과 사랑할 사람들이 고맙기 그지없다. 시작은 미약하지만 나중은 창대할 것을 믿는다.

날씨에 좌우되는 감정

산다는 것 그 자체만으로도 의미는 충분한 것이라고 하는데 매 순간 힘이 들 때는 모든 것을 포기하고 싶을 때가 너무 많다. 나의 자존심과 주관이 강하다 보니 가장 가깝다고 하는 남편한테서도 멀게 느낄 때가 많다. 생리가 있는 중에는 신경이 예민하니 그 누구도 이해하지 못하리라. 나 스스로 겸손을 삶의 기초로 두어야 하는데 그것이 쉽지 않다.

사람의 감정은 그날의 날씨에 따라 많이 좌우되는 것 같다. 오늘은 장애인의 날. 예전에는 그들을 참 미약하게 생각했는데 시간이 지나면서 많은 것을 느끼고 있다. 육신의 장애는 얼마든지 극복되고 이겨나갈 수 있지만 정신적 장애는 극복할 수 없는 것임을 이제 알 것 같다. 장애인들의 노래자랑을 보면서 그들의 표정에서 나오는 순수하고 해맑은 모습이 너무 아름답다. 그들의 앞날에 주님의 가호가 함께하길 빈다. 그리고 사람의 감정은 흐르는 물과 같은 것일까. 흐르는 세월과 감정이 같이 흘러서 돌아오지 않는 것일지도 모르겠다.

너무나 짓궂고 장난기 많은 애완견 똥순이. 하루에도 몇 번씩 나를 웃기고 또 웃긴다. 나의 두꺼비를 닮은 귀여운 똥순이가 강아지로 태어난 것이 못내 아쉽다. 사월의 푸르름이 더욱 짙어져만 가고 나의 마음도 사월의 풍경에 부풀어만 간다. 감수성이 풍부한 나와 예전의 나는 항상 똑같다. 아름다운 날들이여. 나를 울리지 말고 계속 아름답게 머물러주길 바란다.

빈자리를 채워주는 남편

　여름이 벌써 온 것인가 하는 착각이 들 정도로 날씨가 계속 이십 오 육도를 오르내리는 요즘이다. 반소매 반바지 차림으로 오이 마사지를 한 후 미니시리즈로 방영되었던 '별은 내 가슴에' 주제가를 듣는다. 이해심 많고 나를 엄청나게 사랑해주며 모르는 것을 자세히 알려주고 잘 이끌어주는 남편이 있어서 나는 행복하다. 아버지가 살아계셨을 때 남편을 보고 '군자'라고 부르셨다. 연세가 있으신 분들은 어느 정도 감지하는가 보다. 아버지가 둘째 사위인 남편을 무척 좋아하셨다. 아버지가 돌아가신 후로는 나의 가슴에 아버지의 자리가 비었었는데 그 자리를 남편이 메꾸어주고 있다. 내가 남편을 "할아버지" "아버지" 하고 불러도 그저 웃음으로 답한다. 내가 때로 욕설을 퍼붓고 성질나는 대로 행동해도 꾹 참아주는 남편이 고맙기 그지없다. 내가 어디가 그렇게 좋은지 지금도 나를 무척이나 아끼고 이뻐해 주고 사랑해준다. 남편, 고마워. 지금에서야 말이지만 사랑해. 진심으로 말이야. 내가 욕을 하면 나 좀 그 자리에서 혼을 내주지 왜 그냥 가만히 있는지. 곰탱이 사랑해.

문화적인 차이가 비슷해야 해

하얀 백지 위에 희로애락을 써 내려간다는 것이 한편으론 기쁘지만 나는 많이 외롭다. 부부가 무엇인가 생각할 때 문화적인 차이가 비슷해야 한다는 것을 살면서 많이 느낀다. 이 외로움, 어렸을 적 일곱 살에 엄마를 여의고 보이지 않는 외로움 때문에 혼자 고민하고 타협했던 나. 지금은 결혼생활 이십 년인데 그 누구도 내 마음을 어루만져주는 사람은 없다. 십자가의 믿음. 나를 보지 않고 믿는 자는 복을 더욱 누리게 해주신다는 주님의 말씀인데 나를 같이 느끼며 호흡을 같이하고 서로의 아픈 상처를 만져주고 달래줄 수 있는 그런 상대가 있었으면 한다. 십자가를 바라보고 혼자 자문자답할 때면 어떨 땐 은근히 화가 날 때도 있다. 특히 오늘 같은 날, 삶에 있어서 이해를 같이하며 대화를 나눌 수 있는 상대가 있다면 정말 행복할 것이다. 늦게까지라도 아버지가 생존하실 줄 알았는데 내 곁에 계시지 않은 지 육 년이다. 대화의 상대가 있는 사람은 행복하겠지. 눈물을 흘릴 때가 많은데 그중에서 외로울 때의 눈물은 가장 비참하다고 생각된다. 세상을 살면서 나와의 타협, 도전과 야망, 희망이 소망으로 이루어진다면 그 또한 행복이 아닐 수 없다. 비록 나약한 나이지만 여기에서 쓰러질 수는 없다. 앞으로 계속 전진 또 전진해야 한다.

시인과 예술가의 길

'주부가 세상을 바꾼다'는 주제로 MBC에서 IMF 연중 특강으로 계속 방영하고 있다. 오늘의 주제는 '주부들이여 경제적 감각을 갖자'이다. 주부들의 바람직한 가치관으로 합리적인 투자를 하고 절약을 하고 낭비를 줄이며 사교육비를 줄여 예의 바른 아이들로 키우라는 말과 함께 더불어 사는 세상에서 서로의 등불이 되어줄 수 있는 사람으로 키우자는 말이다. 그리고 체계적이고 절도있게 주체성을 가지고 이 고비를 지혜롭게 넘기자는 강론이었다. 요컨대 자신의 주체성을 가지고 가정에서 생활에 임한다면 사회와 나라가 부강해진다는 내용이었다. 요즘 매스컴을 통해서 많은 것을 배우고 알게 되는데 우리나라가 IMF 위기 이전으로 돌아가고 있다 한다. 나도 그 말이 맞는 것을 체험하고 있다.

정규과정을 거쳐서 시를 쓰고 수필도 쓰고 문학사에 이름을 둔 사람들을 보면 거의 누군가에 의해 수련 과정을 거쳐 문인이 되었는데 나는 혼자서 문단에 데뷔하려고 하니 암담하기만 하다. 하지만 이름난 유명인들의 강의를 들으면서 많이 배우게 된다. EBS에서 '세상 보기'라는 주제 아래 신달자 씨의 강론이 있어서 들어봤다. '진정한 삶에로의 동행'이라는 주제로 자신의 체험담을 얘기했다. 세상살이가 쉬운 것이 아님을 거듭되는 실패의 상황 속에서 알았고 그때마다 의지와 열정이 일어설 수 있게 해주었다. 여러 허탈한 상황에서 진정으로 무릎 꿇을 수 있는 대상은 시이고 마음이 죽은 자에게 빛이 되어주는 게 시라고 신달자 씨는 피력했다. 가장 낮은 데에서 겸손한 마음으로 글이 써진다는 사실과 거짓이 없고 위선이 섞이지 않는 진실, 하얀 백지 그 자체에서 발상이 된다는 것을 조금은 알 것 같다. 수많은 위대한 시인이나 예술가들이 그리스도를 통해서 부활의 성령으로 위인들이 되어감을 나는 느낀다. 나는 꼭 문인이 될 것이다.

생을 관조하는 마음으로 살다

　화려한 유채꽃을 TV를 통해 보면서 또한 드라마 '종이학'을 보면서 요즘 생활의 활력을 얻는다. 그 드라마에서 하는 대사 중에 내 마음에 와닿는 말이 있는데 내가 너를 끝까지 지켜주겠노라고 남자가 여자에게 하는 것이다. 그리고 그 남자가 말한 것에 대해서 책임을 지는 것을 볼 때 참 감명받았다. 내가 너를 끝까지 지켜주겠노라는 말, 그 여인은 얼마나 좋고 삶에 대해 자신감을 갖고 살아가는가. 글을 쓴다는 것은 참 아름다운 생활의 일면이다.
　세계는 격변하고 모든 인간의 삶도 충격적으로 변하고 있는 때이다. 그럴수록 차분히 생을 관조하는 마음으로 살아갈 수 있도록 해야 한다. 시간을 아는 일이야말로 인생을 사랑하는 일이라고 생각된다. 일 년은 열두 달 그리고 365일을 시간으로 풀면 8760시간이다.
　우리가 슬퍼하고 고뇌하고 사랑한 건 아무것도 헛된 것이 없다. 고통을 통해 진리를 찾게 됨으로써 고통은 인간에게는 없어서는 안 될 또 하나의 다른 은총이 된다. 책을 봄으로 들음으로 삶의 고통을 겪으므로 얻어지는 수확이 앞으로 생을 살아가는 데 있어 커다란 밑거름이 되어줄 것을 믿고 늘 고맙고 감사하게 생각한다. 살면서 어느 순간에 성모님을 그리워하고 친정어머니 모시듯 성모님을 가까이

하게 되어 그분께 마음의 괴로움과 외로움들을 아뢰고 위로를 받을 때가 많다. 엄마, 영생 복락 하시고 먼 곳에서나마 저를 위해서 기도를 부탁드려요. 내일은 교회에 가서 주님과 만나자. 그리고 축복을 받아서 나의 가족들과 나누자.

어버이날을 맞아서

'산골 소년의 사랑 이야기'라는 노래를 부른 예민이라는 가수가 있는데 그의 노래를 듣노라면 내 자신이 상대역인 소녀가 된 느낌이 든다. 외국에서 공부하고 돌아온 예민은 내가 좋아하는 가수이다. 서정적이고 고요하며 섬세하고 사랑과 시골의 고풍이 노래에 배여 있고 현대적인 감각의 가사가 곡과 잘 어우러진다. 조용하고 서정적인 감각을 지닌 노래가 나의 피곤함을 싹 씻어주었다. 물질을 바라보지 않고 노래가 좋아 노래를 부른 예민이 좋다.

나의 큰아들이 정말 고맙고 고맙다. 어버이날이라 드린다며 헌혈증서와 고급 펜을 선물로 주었다. 백화점에서 기다리기 지루하다며 헌혈을 하다가 도중에 기절까지 하고 받은 헌혈증서다. 어디 한 가지도 버릴 데 없는 나의 큰아들. 작년에 대학을 보내지 못한 게 마음이 아팠는데 최근에 아들에게 대학에 관해 물어봤더니 군에 갔다 와서 대학을 가겠노라는 대답이다. 시어머니께서 살아계셨으면 손주들이 선물한 카네이션을 가슴에 달고 무척이나 기뻐하셨을 텐데 시어머니는 이미 돌아가시고 안 계신다. 시간이 지나고 세월이 어느 정도 흘러서 시어머니에 대해 생각하다 보면 귀중한 분이셨다는 걸 깨달을 수 있었다. 그때는 왜 그리 철이 없었는지. 어머니 보고 싶어요.

어머니의 다정하고 이해가 넘치고 사랑이 배여 있는 그 음성과 대화가 너무도 그립습니다. 어머니, 죄송해요. 저를 너그럽게 이해해주시고 저희를 위해 기도해주세요. 어머니의 영정에 카네이션을 바칩니다. 영생 복락을 누리시기를 두 손 모아 기도드립니다. 어머니, 사랑합니다. 진정으로. 어버이날에 시어머님을 그리는 마음으로 이 글을 쓰게 되어 너무 기쁘다.

카네이션을 가슴에 얌전히 꽂으시고 기쁨에 넘쳐 걸어가시는 늙은 할머니. 누가 가슴에다 꽂아주었을까. 꽃을 달아드리고 얼마나 뿌듯했을까. 엄마, 지금이라도 살아오신다면 눈물 가득한 카네이션을 감격의 선물을 드릴 텐데. 내 옆에는 아무도 안 계시고 먼 곳에 보이는 푸른 화초만 눈에 들어올 뿐. 이내 마음 아픈 것에 익숙해져 오늘도 아들이 준 빨간 볼펜으로 마음이 가득 채워진다. 어버이들은 자식들에게 많은 사랑을 보여 주세요. 예쁘고 아름다운 카네이션처럼 예쁜 마음과 사랑을.

조건 없이 아름답게

　나의 주님, 영광을 받으실 하느님. 감사합니다. 깨닫게 하여 주신 주님의 은혜에 감사합니다. 교만을 겸손으로 바꿔주신 주님. 어제 이사를 평안하게 오고 가게 하여 주신 주님. 세입자의 마음을 입주한 즉시 알게 해주셔서 감사합니다. 항상 매사에 겸손으로 이끌어주시고 겸손에 겸손을 더하게 해주옵소서. 나의 혈기로 모든 일을 다스리지 않게 해주시고 그리스도가 마음에 계심으로 사랑으로 모든 일에 협력해 나갈 수 있도록 하여 주옵소서. 존경하는 주님. 아버지께서 저희에게 무조건적으로 이해타산 없이 주신 것처럼 저도 조건 없이 아름답게 사랑으로 다스리게 하옵소서.

　보고 싶은 구름. 오늘 밤에는 별과 구름이 만날 수 있을는지. 구름은 지금쯤 어디에서 흘러가고 있을까. 구름이 좋아하는 것이 무언지 알 길이 없다. 구름과 만난 지 오래된 지금 하늘을 보면 구름을 볼 수 있을는지 모르겠다. 세월이 흐르듯 구름도 같이 흘러가 버린 것일까. 별의 고독과 외로움을 그제도 어제도 헤아리지 못하여서 구름과도 만나질 못했다. 오늘 밤에 은연중에 만날 수 있길 기대하면서 하늘을 올려다본다.

성년의 날을 맞다

엄마가 시찬 애비와 말다툼을 하고 요즘 우리 집에 와 계신다. 뭐라고 표현할 수 없이 두루두루 복이 따라주지 않고 고생이 계속 이어지는 엄마. 옆에서 지켜봐야 하는 나의 심정. 엄마, 언니, 난희, 시찬 애비 모두를 생각하자니 마음이 항상 편치 않다. 아름다운 날이여 아름다운 음악과 함께 나에게 또한 친족들에게 좋은 날들만 이어지길 바랄 뿐이다. 지금 집으로 다시 들어가겠노라며 가방을 챙기고 가셨다. 엄마의 남은 여생을 편히 보내시길 진심으로 바라본다.

성년의 날인 오늘 방송 여기저기에서 성년식에 관해 말을 하는데 나도 성년기를 거쳐서 지금에 이르렀지만 대한민국에서 태어난 것에 감사를 드린다. 나의 아들들 이제는 어른이 되어 지난날을 생각하면 기특하기도 하고 코믹했던 날들도 많았다. 훌륭하게 성장해 준 나의 아들들에게 고마움을 전한다. 먼저 주님께 지금까지 훌륭하게 키워주신 은혜에 감사드리며 앞으로도 계속 지켜주실 것을 두 손 모아 기도드린다. 아브라함과 이삭과 야곱에게 주신 축복을 우리 아들들에게도 주실 것을 믿으며 자손 대대로 복을 주실 것을 간청드립니다. 산다는 것은 참 신명 나는 일이고 재미있고 웃음의 연속이다. 내가 어떻게 하는지에 따라 그 결과가 나타나는 것이 삶이다.

마음을 글로 표현하는 것

　산문이 무엇인지도 모르고 작가의 길을 가겠다고 책을 마구 보고 읽고 느끼며 생각했던 나. 얼마나 무모한 생각인가. 이제야 조금은 글의 중요성에 대해서 알 것 같다. 내가 좋아하는 박완서 님, 이해인 님의 글을 보면서 삶의 희열을 느꼈던 나. 지금은 시작에 불과할 뿐이다. 앞으로 많이 보고 느끼고 부딪치며 여러 가지 글이 탄생 되리라 믿는다. 사람의 보이지 않는 마음을 글로 표현하는 것이 얼마나 아름다운 삶인가. 나는 이 삶을 사랑하며 계속 추구해나갈 것이다. 글이 무엇인지도 모르고 작가가 되겠다고 하는 나. 하지만 지속적으로 나의 길을 걸을 것이며 글의 중요성에 대해 조금은 알고 있는 이상 나의 이름을 세상에 알려야겠다는 다짐을 하면서 뜻이 있는 곳에 길이 있기를 바라고 있다. 앞으로도 지속적으로 글을 써나갈 것이다.

너무나 아름다운 대자연

 어제는 친구 현숙과 교회 전도회 팀이 야유회를 갔는데 춘천의 중도라는 곳에 갔다 왔다. 서울에서 출발하여 세 시간 삼십 분을 가는 도중에 강촌을 처음 보았는데 차도 밑으로 흐르는 새파란 강물. 그림으로만 봐왔던 초록빛과 은빛 하늘 아래 조각 같은 집들. 입에서 감탄이 튀어나와 가슴을 울렁이게 만들었다. 아름다운 세상천지의 조화와 형형색색의 이름 모를 풀들. 나는 혼자 걷다가 풀들과 이야기를 나누었고 강가를 쳐다보며 나의 소망을 빌었다. 강가에 펼쳐져 있는 그림들. 수상스키를 타며 재주를 부리는 사람들과 쾌속정을 타며 쾌재를 부르는 남녀들. 그것을 바라보는 나는 너무 행복했다. 우주 만물이여, 그 넓은 공간을 바라볼 수 있게 해주어서 너무나 감사하고 앞으로는 대자연과 더불어 조화를 이룰 수 있는 그런 삶을 살아가겠노라고 마음속으로 다짐했다. 아름다운 대자연 앞에 서면 고개만 숙여질 뿐 누구나 겸손해지지 않을 수 없다.

4부

散文

시로 끓여주고 안아주어야

문화적인 격차

아침에 밥상을 한 번도 받아보지 못한 남편은 위장이 탈이 나 계속 약을 복용한 지 몇 년째인데 자신의 몸을 지혜롭게 간수 하지 왜 내 탓을 하는지. 자신의 성격 탓도 있는 것인데. 자고 있는 사람 베개를 냅다 찬다. 또 그 베개를 갖다 나는 또 잤다. 아무튼 사는 것이 코미디다. 식탁에 앉아 '존재의 이유'를 노래 없이 반주만 크게 틀어놓고 창문에서 불어오는 바람을 맞는다. 올해도 외국을 나가보지 못하고 그냥 이대로 지낼 것인지 답답한 하루의 연속이다. 그리고 또 내일이 되겠지. 여행을 다니며 얻는 수확도 클 텐데. 작가는 아무나 되는 것이 아닌데 글을 써보니 나와의 끊임없는 사투다. 아직까지 생활에 활력을 주는 것으로 음악 외 다른 것은 찾아보질 못했다. 남편과 나는 문화적인 격차가 너무 많이 난다. 어떨 땐 너무 화가 난다. 글, 음악, 연기, 노래, 새, 별, 구름 등이 다 아름답다. 나는 이 모두를 영원히 마음에 간직하고 사랑하리라.

소망이 이루어질 거라는 확신

　그제와 어제 너무 아파서 동창회 모임 회장인 나는 참석을 못 해서 친구들한테 무척 혼이 났다. 지금은 큰아들과 점심에 기사식당에서 해장국을 먹고 나서 조금 기운을 차렸다. 아플 때는 아무 생각 없이 잠속으로 빠져들어 무의식 상태에서 꼼짝없이 잠에만 의존하고 있다. 내가 아픈 것이 지겨운지 남편은 이제 성의를 보이지 않고 얼굴도 만져보지 않는다. 그럴 땐 남남으로 생각이 되어 삶에 회의를 느끼고 가족이라는 단어가 무색해질 정도로 각자 흩어져있는 느낌이다. 무심이라는 게 무서울 정도이다. 작은아들이 약을 사다 줘서 그것을 먹고 조금 몸이 추슬러졌다. 주님이 주신 건강을 잘 가꾸고 스스로 잘 조절해야겠다.
　작가가 된다고 생각해서 그런지 길가에 핀 꽃도, 교회 주보도, 여러 가지 책들도 심지어 TV에 나오는 유명 인사들의 말들까지 중요하게 여겨지고 살아가면서 다시 묻고 머릿속에서 생각하느라 바쁘다. 머리가 썩 좋지 않은지 책을 봐도 본 것 또 보고 거듭거듭 몇 번씩 봐야 그제서야 이해를 한다. 요즈음에 와서는 버릇처럼 잘 웃는다. 나의 두꺼비가 말 한마디를 툭 던질 때에 배꼽을 부여잡고 웃다가 뒹군다. 웃는 여유가 생긴 것은 다름 아닌 내 소망이 이루어질 거라는 확신이 있기 때문이다. 글을 쓰는 작업이 얼마나 힘든 일인가는 아는 사람들은 잘 알 것이다. 나의 체험, 상상력, 아픔, 기쁨 등의 감정들이 글의 씨앗이 된다. 앞으로 노력하는 자세가 더 필요하리라고 본다. 견문을 넓히는 일이야말로 더 이상 말할 필요가 없는 중요한 일이다. 가장 낮은 자세에서 취해야 하는 생각, 겸손 그 자체가 올바른 글이 탄생하는 바탕이 되는 것이다. 여러 작가들의 글을 보면서 바로 이거라고 생각하며 감격스러워 마음이 뜨거워질 때가 있다. 그것을 느낄 때면 이 세상의 모든 것을 선물 받은 느낌이다. 상상력만으로 되는 글은 없다. 실제 생활 속 글들이 한두 개 모여서 자서전도 나오고 수필이나 산문도 나오고 시도 나오는 것이다. 이제야 눈이 열렸으니 지금이라도 너무 감사하다.

설렘에 대해서

　나는 '설렘'이라는 단어를 좋아하고 귀하게 생각한다. 그것은 '무엇인가를 기다리고 있다'이거나 '이제 시작이다'라는 생각과 연결된다. 누군가가 나를 흠모하고 있다거나 내일은 기분 좋은 일이 생길 거라는 기대가 되는 단어다. 이 설렘은 생활을 하는 데 있어 커다란 역할을 하는 것이 아닐는지. 그래서 설렘이란 단어를 아끼고 소중하게 생각하게 된다. 지금 이렇게 글을 써나가는 것도 설렘의 마음이 작용하고 있는 것이기 때문에 시시각각 변하는 자연의 섭리에도 설렘을 느끼며 찬사를 보낸다. 설렘을 끊임없이 유발하는 5월이 짧게 가버리겠지만 이 순간 나 자신이 주체가 되어 세상을 바라보고 싶다. 산다는 것은 너무 행복하고 귀하다. 설렘이 지속되는 날들이 내 앞에 펼쳐지고 있다. 설렘의 무궁한 연출을 하면서 숨을 쉬고 있다는 것이 고맙다.
　바람도 불고 비도 오고 여기저기 우박도 떨어지고 날씨가 변화무쌍하다. 창문 밖에서 새들이 지저귀는 소리에 이끌려 옥상에 올라가 봤더니 한 달 전에 심었던 호박이 몰라보게 자랐다. 얼마나 신기한지. 감탄사만 연발하며 이어질 뿐 심을 당시에는 별로 손을 본 것이 없는데 저렇게 자신을 건강하게 키워내다니 감동이다. 날씨가 변덕

스러운데도 자신의 존재를 확실하게 내보이는 호박을 보면서 많은 것을 배운다. 세월이 나를 뒤흔든다고 하더라도 그것에 굴하지 않고 스스로 주체가 되어서 살아가련다.

더 높이 올라갈 수 있도록

 더불어 사는 세상이라고 말하며 강조하는 사람들이 많다. 그렇게 떠들어대는 사람치고 실제로 더불어 사는 사람은 많지 않고 그 말을 들은 청중들만 더불어 사는 세상에 부합하기 위해 동참을 한다. 본보기가 되어야 할 사람은 관망만 하고 야유할 뿐 졸렬하기 그지없다. 길잡이란 자신이 희생하면서 봉사하고 배려해야 하는데 이해타산 속에 살아가는 세상의 많은 사람들. 산다는 것은 고행 속에 전진하는 것이고 그 후에는 경륜이다. 개척자 정신으로 내가 나의 길잡이가 되자.
 어제 꿈에 능곡이라는 곳에 여러 사람들과 함께 갔는데 도심을 지나 농사를 짓는 시골로 들어갔다. 그런데 밭에서 잎사귀를 보고 밑에 분명 감자가 있겠다 싶어서 땅을 파보았더니 감자가 여러 알 손에 닿아 대여섯 개 되는 것을 가지고 집으로 왔다. 왠지 좋은 예감이 든다. 내가 하고자 하는 일이 잘 되었으면 하는 바람이다. 봄을 아쉬워하며 여름을 맞이하는 인사치레의 비가 오고 있다. 여름에 장마 기간만 되면 방 한 개가 바닥에 물이 자근자근 괴었는데 방수를 한 올해에는 어찌 될는지. 작년처럼 비 난리 겪지 않고 잘 넘겨주었으면 한다.

산다는 것이 쉽지만은 않다는 것을 예전부터 알았던 사실이지만 특히 우리나라에서는 권력과 재력, 학벌 등이 탁월하지 않다면 어떤 재능이 있다 하더라도 세인의 눈에 띄기가 하늘의 별 따기다. 문예당이라는 출판사에 노크한 지 사흘째 되는 날인데도 아무런 반응이 없는 걸 보니 생각할 필요가 없는가 보다. 세월은 계속 가고 있고 나는 집에서 식충이다 보니 나의 능력이 무지하다는 것을 느낀다. 하지만 나는 여기에서 무너지지 않는다. 계속 두드리고 도전하고 노력을 하는데 게을리하지 않을 것이다. 가능성이 조금 미약해 보이더라도 그것을 계속 추구하고 발전하도록 노력할 것이다. 창문을 열고 보니 앞집에 대추나무, 감나무가 우리 집 창문 3층 계단 위를 오르고 있다. 나도 더 높이 올라갈 수 있도록 물을 주고 가꾸어야겠다.

한 끗 차이인 것 같아도

　머리 위에 촘촘히 박혀 있는 별들이 오늘 밤에 유난히 반짝이고 있다. 옥상에서 밤하늘을 바라보는데 너무나 아름다운 하늘을 꼭 안아주고 싶다. 밤이면 찾아오는 그리움. 유난히도 반짝이는 별. 어둠의 그림자가 저편에서 오고 있다. 별을 바라보며 가슴 가득히 그리움을 달래보건만 어둠을 환히 비춰주는 별은 오늘 잘 보이지 않는다. 열정을 불태우는 나의 몸체가 대신 울부짖으며 타오른다. 내일을 향한 확고한 신념의 답을 얻으며 지금의 나는 그것이 우답(愚答)이어도 좋다.

　많은 사람이 머뭇거리며 주저하고 관찰만 하다가 세월을 낭비한다는 말에 나도 공감한다. 산다는 것이 주위의 시선과 나의 자존심, 살아온 세월의 뒤안길을 보며 관찰만 하다 보면 죽음을 앞에 두고 회의감으로 자책하고 내가 바란 것이 이게 아니었는데 하면서 땅을 치는 우리 인생길. 다시 한번 더 태어난다면 하는 생각을 해봐도 그때에는 이미 늦은 후회인 것이다. 인생은 내가 살고 개척하고 연출하면서 사는 것인데 남들의 시선에 주목하는 우리들. 주변에 개선되어야 할 잘못된 관행들이 너무나도 많다. 요즘 신세대들은 자유분방하게 후회 없는 행동과 언행을 하는데 나의 옛 시절이나 지금에 회의를 느낄 때가 많다. 한 가정에서 가장이 가족들의 인도자 역할을 잘 해나가야 하는데 무식에서 나오는 무지일 때 가족들은 뭉치지 못하고 결국에는 깨어지게 된다. 가장이 많은 지식과 경험으로 인솔해야 하는데 그렇지 못할 때 그 가정이 행복할 수 있을까. 배움은 인간이 지녀야 할 가장 기초적인 것인데 책을 멀리하고 우둔함으로 세상을 산다면 항상 비극적인 삶을 살아야 한다. 유식과 무식이 한 끗 차이인 것 같아도 하늘과 땅 차이만큼 격차가 벌어진다. 무식한 사람 입에서는 구린내가 나지만 유식한 사람 입에서는 금가루가 쏟아진다.

살아있다는 것

　〈스물셋에 사랑 마흔아홉에 성공〉이라는 책에 의하면 삶이란 결국 도전하고 쟁취하는 자의 것이다. 사랑에 있어서건 사업에 있어서건 그것은 변할 수 없는 진리이다. 고뇌도 갈등도 결국은 도전에의 결단을 위해 준비되어있는 통과의례에 지나지 않는다. 삶에는 연습이 없다. 오직 도전하고 쟁취하는 자만이 그 삶을 누릴 뿐이다. 사랑하고 실험하고 모험하고 모든 일에 긍정적으로 임하는 것은 자신을 위한 것이고 성공적 삶을 위한 것이다. 이 책에서 많은 것을 배웠다. 삶은 내가 사는 것이지 남이 나 대신 살아주는 것이 아니라는 것. 인생은 하나이고 나 자신도 하나이기 때문에 최선을 다해 사는 것이다.
　여름엔 모든 것이 살아난다. 살아있음을 극대화하는 계절. 유월의 중반에 들어서는 시점에서 나의 살아있음을 어떻게 표현해야 되나. 살아있다는 것은 가장 큰 선물이다. 그 선물을 어떻게 활용하고 대처해야 하나. 산다는 것이 큰 선물이라면 그 선물을 어떻게 잘 보관하고 간직해야 하나. 그것을 가르쳐줄 스승은 없는지. 나는 항상 문제를 혼자 제시하고 혼자 답을 만든다. 그 과정의 긴 시간이 외롭고 쓸쓸하지만 일곱 살 그 후부터는 늘 혼자 자문자답해 왔다. 때론 아버지가 답을 가르쳐 주는 스승이 되었지만 기력이 없어진 후로는 줄 곧 나 혼자였다. 삶이란 도전을 거듭해서 쟁취하는 자의 것. 나는 쓰러지지 않고 꼭 결실을 거둘 것이다.

　슬픔과 괴로움 또 외로움은 삶에 있어서 통과의례에 지나지 않는다. 산다는 것이 고뇌의 연속인데 결국 우리는 그것도 통과해야 한다. 생각을 글로 쓴다는 것은 나에겐 커다란 피난처요 위안이다. 이따금 삶에 회의를 느끼면서도 다시 원위치로 돌아올 수 있는 건 내 남편의 지극한 사랑 때문이다. 나를 무척이나 사랑해주고 이해해주는 남편은 내가 성가시고 모나게 굴어도 변치 않고 항상 사랑해준다. 그 사랑이 있어서 내가 존재할 수 있다는 것에 감사를 드리지 않을 수 없다.

두드리면 열릴 것이다

　젖은 옷을 말리기 위해 옥상에 오르는 순간 감탄사가 터져 나와서 탄성을 질러댔다. 너무나 예쁜 뭉게구름이 파란 하늘 사이사이 꽃무늬를 이루며 떠 있는 것이 너무 멋져서 환호성이 연거푸 흘러나오는 것이었다. 요즘은 마음 한구석이 뻥 뚫리어 그 자리를 메꾸느라 백화점으로 영등포 지하상가로 다니며 시간을 그냥 보내고 있다. 출판사의 연락을 기다리고 있는데 아직까지 답이 없어서 다른 출판사를 노크해야겠다. '두드려라. 열릴 것이다'라는 성경 말씀을 다시 떠올리면서 계속 두드리리라. 하지만 시간이 조금 흐른 뒤에 마음을 재충전하고 노크를 하리라.
　인생은 어디로 가는 것일까. 무엇을 위해서 내가 존재하는가. 자식이 둘인데 지금 나에게는 아무것도 없다. 이제는 나를 위해서 생각하고 행동해야겠다. 산다는 것이 좀처럼 쉽지 않고 스물이 되던 그 시절에 나는 정신적으로 성숙했지만 부모님께 절대복종하였다. 그렇게 자신을 컨트롤하고 매사에 신중히 정돈된 마음으로 살아왔는데 내가 낳은 자식들은 그렇지 않음을 보며 회의를 느끼고 있다. 오늘 내 앞날에 대해 생각해보면 자꾸 헛웃음만 나온다.
　성령 세미나가 있어도 마음이 내키지 않아서 집에 머무르며 글을 쓴다. 더위가 계속 되어 집에서 한 발자국도 내딛지 않고 방에만 콕 박혀서 지낸다. 밖에 나간 지 며칠이 지났다. 여유가 된다면 가을이 계속되는 타지로 피서를 가고 싶지만 마음만 가득할 뿐 올해도 집에서 머물러야 하나 보다. 봄과 가을만 계속된다면 사람들에게 주어지는 이점이 없어지겠지만 대비책이 나온다면 그러지 못할 것도 없다. 미국의 샌프란시스코가 우리네 봄과 같은 날씨라고 한다. 고위층들은 여유를 부려가면서 인생을 보다 폭넓게 살아가는 데 그것을 보면 조금 부러울 뿐이지 나의 현실과는 상관이 없다. 대신 커피 한 잔과 글로서 나의 우울을 대신하며 내일의 소망을 다시금 생각해본다.

화성 어린이 캠프 사고

　광란의 칠월 첫째 날, 화성 어린이 캠프에 갔던 어린 유치원생들 스물세 명이 참변을 당했다. 특히 밤중에 끝까지 돌봐야 하는 선생님들이 자고 있는 아이들을 뒤로하고 술에 취해 무방비상태로 있었으니 죽음을 부른 것이나 마찬가지다. 까만 눈의 천진스러운 어린 것들이 어른들의 부주의로 스물세 명이나 참변을 당했으니 정말 기막힌 일이다. 언제부터 우리 사회가 여자들이 모여앉으면 술부터 먹었는지 모르겠다. 좋은 것을 배울 생각은 하지 않고 즐기고 마시는 나쁜 문화만 성행하니 안타깝기만 하다. 가엾고 불쌍한 천사들아! 좋은 세상으로 들림 받기를 기도한다. 세인들이여, 서로 사랑하며 더불어 사는 이 세상에서 타인부터 생각하는 자세로 살아가면 안 될는지.

과거의 것에 집착하고 사랑하다

　아직도 그리움은 마음속에 있다. 그리움이 눈물로 변한다. 얼굴의 눈물은 닦아낼 수 있지만 마음의 눈물은 닦아지지 않고 마음속 깊은 데에 머물러 있다. 그리움은 여러 사람에게 나누어지는 것이 아니라 단 한 사람에게 국한되어 있다. 그것이 나를 슬프게 만든다. 주님을 믿는다면서 나는 이중적인 마음을 갖고 있다. 그것이 나를 안타깝게 한다. 며칠 전에는 동해에서 만나 그리움을 나누었는데 오늘은 어느 곳에서 만나야 될지. 한 사람에게는 단 한 사람밖에 없다. 그것이 나를 슬프고 괴롭게 만든다. 그리움은 눈물과 슬픔과 괴로움과 아픔을 만든다. 나에게 주어진 그리움의 모든 것들을 포용하고 사랑하자. 내일을 위해서.
　세입자의 사기성 있는 이기를 보면 집주인인 나에게 뭔가를 건질 수 있을지 모른다고 생각하며 코너로 몰고 가는 언변이 하나에서 열까지 천추 만추다. 올해 칠순을 맞이하는 작은아버지께 큰 선물은 못 하지만 성심성의를 보이면서 남은 여생에 건강과 기쁨이 함께하길 기도드렸다. 나는 과거의 것에 집착하고 사랑하는 편이다. 미래보다는 예전의 지나간 것과 과거가 참 소중하고 귀하다. 그러면서도 내 앞날에 아름다운 날들이 전개되리라 믿고 긍정적으로 살 것이고 주변의 이웃들에게 아름다운 웃음으로 대하며 살아갈 것이다.

거짓 봉사와 선행

　요즘은 이곳저곳에서 남을 위해 봉사하는 이들이 많은데 그것을 거울삼아 자신의 생계 수단의 한 방편으로 여기며 이익을 추구하고 남에게는 선행하는 듯 보이는 단체와 개인이 있다. 주님의 눈에는 지금 그 사람이 무엇을 하고 있느냐가 중요하지 않고 하느님의 뜻을 받들고 어떻게 뉘우치고 변화하는가에 더 치중하신다. 악이 만연한 이 세속에서 더욱더 남을 위해 봉사로써 치장하려는 것을 선행이라고 옮기는 사람이 많다. 하지만 변화된 믿음이 중요하다고 생각한다. 추석을 보내는 마음이 아쉽지만 이 가을에 믿음을 재점검하게 됨을 기쁘게 생각하고 여러 가지 수확이 있음에 감사하다.
　눈이라도 퍼부어댈 것 같은 날씨. 술에 대한 개념을 몰랐다. 하지만 몸에서 받아들인다면 마시고 싶은 충동이 생긴다. 비록 술은 못하지만 글로 마음을 토해낼 수 있어서 좋다. 태어나서 청량리역도 처음이었고 춘천행 열차를 타고 춘천역에 내린 것도 처음이었다. 내가 왜 그곳엘 갔어야 했나. Power Of Love란 Pop을 음미하며 그 대단한 힘 때문에 그곳엘 갈 수 있었던 나. 참으로 많이 변했다. 추진력과 돌발적인 잠재의식이 때론 나에게 플러스가 되거나 마이너스가 되었음을 시인한다. 아무튼 삶이란 알 수가 없다.

추석을 앞두고

　추석을 나흘 앞두고 파주의 성당 묘지에 모신 시어머님 묘소에 가서 성묘하였다. 그 다음으로 내 친모의 묘소에 십육 년 만에 찾아뵈어 죄송스러운 마음에 엄마께 용서를 빌었다. 불과 서울에서 몇 시간 내에 갈 수 있는 곳을 왜 이리 뵙기가 힘들었는지. 묘비에 언니 이름과 내 이름 석자가 쓰여 있는 것을 보고 두 아들과 남편이 쳐다보는 것도 상관없이 흐느꼈다. 손질을 너무 하지 않아 벌거숭이가 되어 있는 묘를 보고 마음이 안타까웠다. 가을을 재촉하는 비는 억수로 내리고 내 마음을 아는지 지금까지 퍼붓고 있고 아버지 묘소도 찾아봬야 하는데 마음만 급할 뿐 현실이 따라주지 않는다. 세상의 것은 헛되고 헛되도다. 주님의 말씀처럼 육으로만 살 것이 아니라 영의 양식으로 거듭나야 한다는 가르침이 가슴을 때린다.

　모든 육체는 풀이요 모든 아름다움은 들의 꽃과 같다고 하였고 풀은 마르고 시들어버린다. 그러면 세상에 남는 것은 주님의 말씀이다. 엄마가 못다 한 꿈들을 내가 기필코 실현시킬 것이라고 다짐해본다. 소망을 위해서 산다는 것 그 자체가 나에게는 위안이고 안식처이다. 엄마, 이 딸을 위해서 기도해주세요. 엄마의 기도에 힘입어 꼭 이 세상에 필요한 일을 할게요. 내년 한식이 돌아올 때 아버지 옆으로 이장해드릴 테니 외롭더라도 기다려주세요.

일주일 내내 비가 쏟아 부어지더니 오늘 모처럼 맑고 쾌청한 날씨다. 외로움과 글은 니콜 관계이고 불가분의 관계이다. 그리고 음악이 내 마음속 빈 공간을 음악으로 채워주어 고맙게 생각하고 있다. 언니의 방황은 지금까지 이어지고 있고 그 속에서 간접적으로 나는 괴로워하고 있다. 그것이 혈육인지 엄마 묘비에 새겨진 언니와 나의 이름을 보고 마음속으로 묘한 현기증을 느꼈다. 유방의 통증이 계속 이어지고 있는 가운데 작년에 정기 검진을 받지 않고 올해도 건너뛰게 되어 불안하다. 며칠 후에 병원에 가봐야 하는데 하루하루 연명해나가는 자신이 어떨 땐 어딘가로 사라지고 싶을 때가 있다. 그럴 때 자신을 위해서 내 가족을 위해서 기도한다. 주께서 자녀로 삼으셨기에 외롭고 힘들 때 감사함으로 화답한다.

국회의원의 신념

이제는 잊을 건 정말 잊자. 체념은 빠를수록 좋다는 말이 나의 습관이 되었다. 과거는 순수의 시대였다. 우리는 스무 살 청춘의 활화산 같은 정열과 패기로 역사에 정의의 깃발을 꽂기 위해 모든 것을 쏟아부었다. 내가 좋아하는 김민석 의원은 요즘 청년들이 정열을 오만하고 시대착오적인 곳에 쏟아붓고 있다고 했다. 그런데 그 국회의원은 자신의 정신을 곧고 올바른 곳에 쏟아붓는 사람인 것 같다. 목표가 정확하고 시대를 뛰어넘는 감성으로 국민의 아픔을 보듬고 올바른 곳으로 인도하는 통솔력이 탁월한 그에게 박수를 보내고 싶다.

아버지가 즐겨 부르던 노래

1절
까마귀는 검다고 중국 사람으로 돌려라 동실 동실 돌려라.
황새는 다리가 길다고 우편배달부로 돌려라. 동실 동실 돌려라.
까치는 앞배가 희다고 한국 사람으로 돌려라 동실 동실 돌려라.
동실 동실 돌려라.

2절
네 딸이 흥흥 내 딸이 흥흥
나랄 라라라 흥흥 라라라 리라 흥흥

*이 노래를 풀이하자면 당신네 딸보다는 내 딸이 더 잘났다는 내용으로 우리 아버지 자작곡이다.

어버이날을 맞아서

　음력으로 4월 24일이면 아버지가 세상을 떠나신 지 칠 년이 된다. 시간은 멈출 줄 모르고 번개처럼 지나가는데 내 주위에 나이 드신 분들은 번개와 같이 세상을 등지신다. 아버지가 먼 곳에 계시다고 느낄 때 어떨 때는 감정을 주체하지 못하고 하염없이 흐느낄 때가 있다. 지금도 이따금 영혼 기도를 올리는데 생존에 호의호식 못 하고 부귀영화 누리지 못했던 것들 하느님 품에 안기시어 영원토록 누리시길 간구 드린다.
　해뜨기와 해지기를 거듭 반복하며 숨 가쁘게 달려온 한 해. 시간이 번개보다 빠름을 느끼고 봄이 중천에 걸려있음에 다시 한번 반세기를 되짚어본다. 아들의 입영 통지서를 받고 실감이 나지 않음은 웬일일까. 시어머니 생존해 계실 때 손주 둘을 힘겹다 생각지 않으시고 손수 길러주셨는데 오늘과 같은 입영 통지서를 보셨으면 아마도 기절하셨을 것이다. 이 천지에서 두 손주를 가장 아꼈던 시어머니의 모습을 다시 생각하게 되는 오늘. 어머님, 죄송하옵고 영생 복락을 누리십시오.
　해가 넘어간다. 어버이날을 맞아 언니와 나를 길러주셨던 엄마에게 선란이와 같이 점심에 냉면을 대접하고 봉투도 드리며 이말 저말하다가 헤어졌다. 선란이는 집으로 가고 나는 시장에 들렀다. 장을 보는 내내 고인이 되신 아버지와 어머니가 생각났고 묘에라도 찾아 뵈어야 하는데 그러지 못하니 길러주신 엄마에게라도 감사를 표현하는 게 좋을 것 같아 대신해 드렸다. 창가에 스치는 바람은 오늘도 어김없이 나의 머리를 스치는데 그날이 생각난다. 영구차에 엄마의 관을 실을 때 일곱 살이던 나는 아버지 뒤에서 하염없이 울었다. 그리고 지금까지 보지 못하고 가슴에만 그리며 혼자 울어야 했다. 그래도 탈선하지 않고 곧은 길로 걸었다는 게 스스로 대견하고 이 모든 것이 주님이 인도하신 덕분임을 감사하게 생각한다.

남과 북 정상의 역사적 만남

    2000년 6월 13일 한 민족끼리 새천년의 만남이 성사되었다. 남·북으로 갈라진 지 오십오 년 만에 평양 순안 공항에서 두 정상이 만났다. 그 모습을 TV로 지켜보며 가슴 뭉클하여 아버지가 계셨더라면 얼싸안고 좋아했으련만. 전 세계적으로 이 경이로운 사건에 놀라면서도 축하를 해주는 것을 보며 왜 남·북 정상의 만남이 그동안 이루어지지 못했는지 아쉬울 뿐이다. 큰아들이 군에 입대한 지 엿새째 되는 날이라서 눈물이 조금 났다. 충북 괴산군 연탄리에서 훈련 받고 어디로 배치될는지 모르지만 돌아오는 날까지 건강하길 빌 뿐이다.
    한 민족이 손을 잡고 21세기에 소통의 물꼬를 텄는데 이는 역사상 획기적인 일이 아닐 수 없다. 남·북 정상회담 이틀째를 맞아 4개 부문 합의서에 서명하는 것을 놓고 회담을 하는 중인데 아직 확실한 합의가 나오지 않고 있다. 유사 이래로 역사적인 날을 맞아 가슴 설레는 어제와 오늘인데 이 시간이 지나 내일이 오면 한민족의 미래를 바로 세울 소식이 전해졌으면 좋겠다.
    뜻이 있는 곳에 길이 있다고 했다. 이 세상에서 마음먹고 행동으로 옮기면 불가능은 없다는 것을 알 수 있는 남·북 회담이었다. 가장 지대한 문제가 통일을 어떻게 이루려는가 하는 것이고 국민들이 가장 궁금한 사안인데 남과 북이 자주적으로 해결하자는 답을 내놓았다. 시작이 반이라고 50%는 이룩해놓은 것이다. 아버지 생전에 김대중 씨에게 표를 주라는 말씀을 당시에 속으로 거부했는데 세월을 앞서가는 아버지의 생각을 지금은 알 것 같다. 이북에 계신 친정아버지의 인척들 이름을 상세히 적으라고 하셨던 말씀 따라 내 가방 속엔 그분들의 성명이 온전한 내 글씨로 기록되어 있다. 통일이 된 후에 친정아버지의 고향을 꼭 찾아뵈오리라. 남·북 간에 사회적, 문화적 교류가 왕성해져서 그간 쌓인 감정의 골이 점차 없어졌으면 하는 바람이다.

군대에 간 큰아들

　웃을 수 있다는 건 주님의 큰 축복 주심이라. 여섯 시 십 분이면 출근하는 남편, 오늘 아침 오랜만에 일찍 일어나 출근길에 앞서 남편이 코미디언 흉내를 내서 얼마나 웃었는지. 그렇지 않아도 사람들이 아줌마는 너무 젊고 아저씨는 너무 늙어 이상하다는 말들을 하는데 그 말에 신경을 쓰는 남편을 보며 웃음을 참느라 혼났다. 요즘 거울을 자주 보며 염색도 하고 모양을 꽤 낸다.
　오후 한 시 넘어서 초인종이 울려 나가니 우체부 아저씨의 더위에 지쳐 짜증 난 목소리로 "소포요" 하는 것이었다. 소포를 받아들고 주소지를 보았다. 보내는 사람에 큰아들 이름이 적혀있다. 군에 입대한 지 보름 만에 아들의 옷이 왔고 그것을 남편이 퇴근한 후에 함께 열어봤다. 상자에는 입대하던 날 입고 갔던 청바지와 하얀 티셔츠, 운동화가 들어있었다. 나는 주님께 우리 아들을 지켜주실 것을 간구드렸다. 주님 나의 큰아들, 어느 장소에 있든지 낮에는 구름 기둥, 밤에는 불기둥으로 항상 지켜주시고 축복해 주시옵소서. 신앙의 신비가 큰아들에게 비춰줄 거라 믿으며 예수님의 이름으로 기도 올렸습니다. 더불어서 제가 이 가정을 지킬 수 있는 것은 신앙의 신비 때문입니다. 변화의 빛을 주심에 힘입어서 제 자리를 지킬 수 있는 것에 감사를 올립니다.

서로 끌어주고 안아주어야

　TV로 보고 듣고 오십 년이 된 6.25 전쟁. 죽은 아들의 시신을 오늘에서야 보게 된 할머니는 앙상한 아들의 뼈를 움켜쥐고 오열을 하는데 그걸 보고 나도 따라 울었다. 이제는 정말 전쟁의 비극은 없어야 한다. 남과 북은 서로 끌어주고 안아주어야 한다. 시간이 더 필요하겠지만 하루빨리 통일이 되어 가슴 벅찬 기쁨의 눈물을 흘려야 될 것이다. 자신은 잘 있노라는 큰아들의 편지에 조금 안심은 되었지만 빨리 얼굴을 보고 싶다. 아들아, 만나는 날까지 건강하기를.

　음악을 좋아하는 나는 특히 노래에 관심이 많다. 남과 북을 가운데 두고 흐르는 임진강을 배경으로 한 어느 음악회에서 지휘자와 바이올리니스트의 자태와 움직임이 일반 사람과 다르다. 섬세한 손놀림과 표정에서 연출되는 지휘봉, 고뇌에 찬 모습과 세월의 흔적을 표정에 실어 바이올린을 연주하는 모습을 한마디로 말하면 삶의 예술이다. 삶에 예술이 담겨있다는 사실에 예술인은 아니지만 예술을 사랑하는 한 사람으로서 감격하지 않을 수 없다. 삶이란 흥미롭고 즐겁고 감사함 그 자체이다. 고로 나는 행복하다.

운명적인 만남

　병들어서 3년, 돌아가신 후 3년, 6년 동안을 언니와 내가 엄마의 손이 가장 필요한 시기에 제대로 먹지 못하고 아버지가 주는 돈으로 군것질만 하고 성장기를 보낸 탓인지 아이 둘을 낳고 지금까지 내 몸은 건강한 날이 드물었다. 월경이 끝나고 나서는 더욱 몸이 아파서 어떻게 그 세월을 보냈는지 말로 다 할 수가 없다. 어제는 몸이 안 좋아서 이것저것 몸의 기력 돋구는 음식을 먹고 주님께 불쌍히 여겨달라고 기도드렸다. 지금까지 내가 산 것은 주님이 보호하여 주심에 의한 것임을 나는 잘 알고 있다. 지금도 몽롱함 속에서 어디에다 기댈 곳이 없다. 요즘 34도를 웃도는 가운데 헉헉거리며 군대에 간 아들을 위해 잠시 화살기도를 드린다. 만약에 내가 주님을 영접하지 않았으면 과연 지금까지 생존해 있을까. 둘째를 낳고 너무 아파 자살을 시도했던 사건들. 그 후에 주님을 영접한 것은 주님의 섭리이심을 알고 있다. 주님, 감사합니다.
　다른 날에 비해서 오늘은 더위를 좀 견딜만하다. 창문 넘어 불어오는 바람이 꼭 초가을에 진입한 것 같은 느낌을 준다. 바람 냄새가 좋은 것은 웬일일까. 마음이 풍요롭고 글을 쓰고 있는 지금 더 이상 바랄 게 없다. 만남이란 좋은 것이고 삶의 기쁨이다. 삶에 있어서 운명적인 만남이 일생일대에 몇 번이나 있을까. 나는 마음속으로 한 번이라고 단정 짓고 싶다. 영혼과 육신이 불타듯이 운명적인 만남이 일생에 한 번 있을까 말까 한 것이다. 그런 순간을 나의 중반기에 맞음은 어떻게 설명할 수 있을지 미지수이고 오직 신만이 아실 뿐이다. 기쁨과 고통이 교차하는 현실에서 이것도 나의 운명이라 기쁨으로 맞이한다.

마음속의 성공

자신 있는 여성이 세상을 바꾼다는 말을 나는 실감한다. 스스로 자신감을 가지고 매사에 자긍심으로 일을 해나가면 삶이 한층 더 쉬워지리라. 지금도 나는 자신만만하여 내 삶에 희열을 느끼며 모든 것을 가능으로 이어지게끔 지혜를 쏟으며 삶을 이어나간다. 바로 이것이 성공이 아닌가 싶다. 사회적으로 명성을 얻고 세인들에게 이름이 알려져야 성공이라고 생각하기 쉬운데 나는 그렇지 않다고 본다. 내 자리에서 이렇게 글을 써나가는 것도 성공이라고 생각한다. 바로 그것은 주님의 섭리요 신앙의 신비임을 나는 알고 있다. 내일 오후부터 장마가 시작된다고 하는데 긴 장마의 여정이 시작되려나 보다.

신원보증

떨리고 멍한 지금의 심정을 말로 표현할 수가 없다. 생긴 모양대로 행동한다는 말이 맞는 말이다. 이제는 내 마음 재정립하며 새로운 마음으로 삶에 임해야 한다. 지금 흐르는 눈물은 더 이상 흘리지 말고 여기에서 그쳐야 한다. 구름이 이편에서 저편으로 흐르듯이 눈물도 흘러내려야 한다. 삶을 의미 있게 가르쳐 주었던 그는 이제 저 멀리 떠나보내야 한다. 내 가족이 이렇게 귀할 줄을 지금에서야 깨우쳤다. 내 가족을 사랑한다. 이것을 가르쳐 주고 깨닫게 해준 너에게 고마움을 느낀다.

더위가 계속 이어지고 있고 비는 좀처럼 내리지 않고 있다. 오후 한 시쯤 시찬 애비가 온다고 전화가 온 후 한두 시간 얘기를 나누고 갔는데 지금 심정은 마음이 아프고 아리다. 신원보증을 서달라는 그 얼굴에서 초라한 모습을 보고 나로서는 한 번이 아닌 열 번 백번이라도 보증을 서주고 싶은데 최종적으로 남편의 승낙이 떨어지지 않을 것을 알기에 내 마음이 아픈 것이다. 시찬 애비 모습을 보니 친정 아버지가 살아오신 것 같고 너무도 닮은 모습이 아버지가 딸에게 부탁하는 것 같아서 마음이 아프다. 아버지는 지금 나의 심정을 아실까. 저리도 방황하는 시찬 애비를 위해서 묵주기도를 나흘째 드렸는데 성모님, 제 기도를 들어주소서.

포기하지 않는 이유

자신의 삶에서 능력과 소질을 극대화하는 방법으로 첫째, 잠자고 있는 마음이 변화되어야 한다. 둘째, 목표를 정하고 끊임없이 노력하는 것이 필요하다. 셋째, 어떤 힘든 경우에도 절대 포기해서는 안 된다. 포기는 자살행위와도 같음을 나는 알고 있다. 내가 지병이 있음에도 포기하지 않는 이유는 내가 나를 너무도 사랑하고 글을 쓰는 자체가 너무 좋기 때문이다. 보고, 듣고, 경험하는 삶 속에서 다양한 글이 나오는 데 결론은 그것을 실천하는 것이야말로 많은 도움이 된다는 것이다. 나는 나를 무척 귀하게 생각한다. 끊임없이 책을 보며 다량의 양분을 섭취하여 나만의 글을 써나갈 것이다. 아름다운 이 세상에게 찬사를 보낸다.

세상에서 오래 살아남으려면

　세상이 빠르게 변하는 사실을 매스컴을 통해 보면서 새삼 옛것이 그리워지고 세상이 변하는 게 싫다. 조금 있으면 영상 이동전화가 나온다는데 창의력을 중요하게 생각하는 시대에 오래 살아남으려면 참신한 아이디어가 필수인데 나의 아들 둘을 어떻게 키워야 경쟁이 심한 이 세상에서 살아남을 수 있을까. 또한 정보통신기술 시대에 살면서 컴퓨터만 클릭하면 정보를 얻는 사회가 되었고 여기에서 살아남으려면 지식정보와 다양한 경험과 아이디어가 잘 어우러지게 해서 살아가야 한다. 카이스트 교수인 배순훈 교수의 강의를 들어보니까 배울 것이 너무 많았다. 실리콘 밸리에서 빌 게이츠만 부자가 되란 법이 있나. 우리 아들들도 창의력과 잠재력이 있으니 충분히 개발만 하면 되리라. 젊은이들이 소명 의식을 갖고 새로운 희망을 꿈꾸며 원대하게 꿈을 펼치면서 벤처에 뛰어들어도 크게 성공할 것으로 사료된다.

가을의 길목에서

여름 혹은 가을인 것 같은 오늘. 창밖에는 노란 해바라기가 활짝 피어 있고 집과 집 사이에 붙어있는 기와집. 장독대에는 여러 색깔의 분꽃들이 가득 피어 있다. 여름인 것 같은 아니 가을인 것 같은 오늘 날씨가 내 마음을 술렁이게 만든다. 지금 이곳이 풀냄새 그윽한 시골이라면 더욱 좋았겠지만 음악을 들으며 가슴이 두근두근, 머리는 흔들흔들, 미소를 머금으며 행복함을 느낀다. 13평밖에 안 되는 나의 집이지만 행복만은 이백 평이 훨씬 넘는다. 이것은 바로 신앙의 신비 그 자체이다.

오늘은 태풍 때문에 바람이 차갑게 불며 간간이 비가 내리고 있다. 추석 때 파주에 계신 시어머니 묘소와 벽제에 계신 친정엄마 묘소에 갔다 왔다. 조금은 마음이 착잡한 심정으로 올라가서 엄마의 묘소가 말끔히 단장된 것을 보고 비로소 안심이 되었다. 작년에 사무실에 말한 것이 효과가 있었나 보다. 묘를 손봐준 것에 대하여 내일 전화해서 감사 인사를 드려야겠다. 파주에서 오전 9시에 출발해서 오후 12시 30분에 엄마 묘소에 도착할 수 있었고 잠깐 기도드리고 집에 오는 시간이 4시간 30분 걸렸다. 오늘은 작은아버지와 작은어머니를 찾아뵙고 건강한 모습을 보니 마음이 몹시 흡족했고 나를 키워주시고 중·고등학교를 보내주신 작은아버지께 은혜를 갚으리라는 다짐을 하며 적은 용돈이지만 마음의 표시를 하면서 마음속으로 두 분의 건강을 빌어드렸다.

아름답고 적절한 말

 가을이 온전히 왔는지 코끝에 스치는 바람 냄새가 시원하고 하늘도 파랗고 내 눈도 파랗게 물들었다. 동창회 모임에서 보고 듣는 것들이 모두 새롭게 들린다. 오늘 정순이가 집들이를 했는데 적은 식구가 살고 있어서 안락해 보였다. 올 때는 미현이 차로, 갈 때는 현숙이 차로 이동하였다. 우리 모임 중에도 미국으로, 뉴질랜드로 유학이나 영구이민을 떠나는 친구가 있다. 웬만한 수준이면 외국으로 떠나고 있는데 앞으로 어떻게 변할지 몰라도 여행으로 잠시 외국에 다녀오는 것은 좋지만 이민은 싫다. 나의 조국이 얼마나 포근하고 좋은데 엄마 품 같은 곳을 버리고 외국으로 나간다니 조금은 안쓰럽다.
 한글날을 맞아서 모국어인 한글이 자랑스럽고 말 한마디에 천 냥 빚을 갚는다는 말이 있듯이 말로 나의 이미지를 좋게 하려면 항상 아름답게 써야 하고 적절한 말을 해야 할 것이다. 엊그제 결혼기념일을 맞아 남편이 광어회를 사주었는데 뱃속에서 전쟁이 나서 화장실에 다니느라 분주했다. 가을을 온전히 느낄 수 있는 곳으로 여행을 가고 싶지만 올해에도 TV나 FM으로 안방에서 이 황금 같은 가을을 보내야 하겠지. 이런 마음을 그냥 글로 해소해야 할까 보다.

김대중 대통령, 노벨평화상을 받다

햇볕정책을 통해 민주화에 앞장선 노력으로 김대중 대통령이 노벨평화상을 받았다. 모든 국민이 국가적인 대경사라며 만세를 불렀고 나도 흥분을 감추지 못했다. 전남 신안군 하의도가 고향인 김대중 대통령은 민주화와 인권을 위한 노력과 한반도의 갈등 해소를 위해 노력한 점이 높이 평가받아 노벨평화상을 받았다. 남의 나라에서만 받았던 노벨상을 우리나라에서도 받을 수 있다니 앞으로 제2의, 제3의 인물이 나올 수 있다는 희망적인 메시지가 아닐 수 없다. 지금 경제가 침체된 위기 속에서 노벨상을 탔으니 국제 정치에 많은 도움이 되리라고 믿는다. 대한민국 경제에 서광이 비춰주길 기대해본다.

새천년 첫 가을에 남·북이 기쁨의 눈물을 흘리고 50여 년의 벽이 허물어져 평화의 바람이 한반도에 불어오고 있다. 평화의 음악회가 서울에서 며칠 전 열렸는데 내가 좋아하는 pop sing a song 가수인 스콜피언스 등 유명한 가수들이 대거 입국해서 평화를 위한 노래를 부르고 나도 흥분되어서 같이 따라 불렀다. 한반도의 평화와 자유를 위해서 박수를 보내주는 것과 함께 외국에서의 지지도가 상당했다. 그리고 4박 5일 동안 휴가를 온 우리 큰아들이 너무 늠름하고 당찬 모습이어서 대견한 마음이었다.

한해의 끝자락에 서서

올해의 마지막 날을 맞이하였다. 만남이 있으면 헤어짐이 있고 시작이 있으면 끝이 있다. 나는 항상 만남과 헤어짐을 마음속에 두고 살아왔다. 그간의 아픔과 괴로움, 방황이 일상에서 걸림돌이 되었지만 그 순간마다 위기를 슬기롭게 넘기며 삶에 임하였다. 눈물의 고개를 넘다 보면 기쁨의 길이 생기기 마련이다. 아무도 모르게 혼자서 눈물을 많이 흘렸다. 내 인생의 길은 마음의 자세에서 만들어지는 것. 그 누구도 내 인생의 항해자가 될 수 없다. 내가 기수를 잘 틀어서 기쁨과 희망의 행로를 걸어가련다. 앞으로 이십 분 후면 자정이다. 이십일 세기를 맞이하여 즐거운 여정의 항로를 시작할 것이다. 이천 년이여, 고맙다.

아직 2월이라 날씨는 차갑지만 어쩐지 봄 냄새가 난다. 오늘이 입춘이고 내 마음속에서도 지금이 시작이라는 생각으로 임한다. 그래서 그런지 소망이 눈앞에 있다고 생각하면 마음이 뿌듯하다. Light House의 대표이사인 김태연 씨가 '너의 실수로부터 배워야 한다'고 했고 또 '우주적인 시각으로 보라'는 말을 했다. 자신이 지금 성공한 것은 고통과 괴로움, 외로움에서 자신을 채찍질하고 연마하면서 얻은 결과라고 했다. 그리고 사랑을 주되 조건 없이 주고 서로가 서로의 등불이 되어 세상을 밝히면 더욱 밝아진다는 말이 감동을 주었다. 결국 항상 깨어있으면서 정확한 통찰력으로 직시해야 한다는 것이다.

그리움은 사람의 특권이다

　한식이자 청명이며 식목일. 내가 그리도 바라던 엄마와 아버지를 합장하려 했는데 시찬 애비의 가로막음으로 일이 무산되어 내 마음도 서늘하였다. 수십 년간 홀로 벽제에 계신 엄마를 조용히 모시고 싶어서 며칠 전에 벽제묘지를 관리하시는 분들께 깨끗이 정돈을 해달라고 부탁드렸는데 오늘 오전 8시에 렌터카를 타고 엄마가 계신 벽제묘지에 가는 동안 마음이 벅차올랐다. 얼마나 잘 모셔져 있는지 궁금했고 육신은 비록 흙으로 돌아가셨지만 영혼은 나와 함께 한다는 생각에 엄마가 빨리 보고 싶었다. 가장 꼭대기 자리에 계시는 엄마가 나를 얼마나 보고 싶었을까. 나는 엄마와 무언의 대화를 나누었고 생전에 좋아하셨던 사이다를 묘소 이곳저곳에다 뿌리면서 "엄마, 보고 싶어" 하면서 오열을 토해냈다. 눈물이 계속될 것 같아 감정을 추스르고 묘소를 나왔다. 관리소에서 묘를 깨끗이 단장해 주신 분들께 수고비를 전달하고 돌아오면서 마음이 뿌듯했다.
　보고 싶어 하고 그리워하는 것은 사람만이 가질 수 있는 특권이다. 그 특권을 어떻게 유용하느냐에 따라 자신의 미래에 많은 작용을 하는 것 같다. 그리움을 표현하면 감정은 쉽게 사라지지만 그리움 자체를 마음속에 차곡차곡 쌓으면 그 감정은 오래도록 이어진다. 또한 참는 것도 하나의 큰 지침이 된다는 것을 깨닫게 되었다. 천상병 님의 기일이 이달 이십팔일이라고 했는데 며칠 전 귀천에 갔다 오길 잘했다는 생각이 든다.

천상병 시인 8주년 추모제

신사년 봄에 벚꽃이 벌써부터 사람들에게서 멀어져 가고 사랑을 꽃피웠던 다른 꽃들도 사람들에게서 멀어져 가고 있다. 은연중에 다가오고 은연중에 다시 가버리는 자연의 법칙과 사랑의 법칙이 비례하는 것인지 자연과 사람은 흡사 닮은 것 같다. 내년에 찾아올 벚꽃이 있기에 우리의 사랑도 다시 피울 수 있으리라. 자연은 몹시도 아름답고 우리도 그 못지않게 아름답다.

천상병 시인의 8주년 추모제에 참석하며 많은 것을 보고 듣고 배웠다. 생전에 사셨던 의정부에도 갔었는데 초라한 집에 아흔이 넘으신 천상병 님의 장모께서 모두에게 반갑게 인사를 했다. 내가 그곳에서 느낀 것은 문학도들은 빈곤한 삶을 산다는 것과 그들에겐 글이 전부라는 것을 느꼈다. 의정부 시립 묘지에 묻히신 천상병 님의 묘지가 초라해서 허탈한 마음을 금치 못했다. 또한 거기에서 느낀 한가지는 정말로 글에 미쳐야 한다는 것이다. 자기 분야에서 미치지 않으면 성공할 수 없고 살아남을 수도 없다. 배꽃이 활짝 피어 있는 거리에서 많은 생각들이 교차 되고 있었다.

좋은 글을 써서 정진하라는

　장편소설 〈지워진 벽화〉를 쓰신 배평모 선생님을 인사동에서 만나 뵈었다. 너무나 기쁘고 황홀하여 올해엔 무엇인가 손에 쥐어진 듯한 감정이 일어났다. 일 년 전에 천상병 님 추모제에서 사회를 보셨던 그 모습과는 조금 변했지만 심사숙고해서 말씀하신 선생님이 너무도 감사하였다. 책을 주시고 서명까지 해주셨는데 좋은 글을 써서 정진하라는 선생님의 훈계이셨다.
　화창한 맑은 날씨가 밖으로 나오라고 나를 부른다. 일주일 전 엄마 묘소에 미리 성묘를 해서 기분이 날아갈 것 같다. 내 엄마 묘소를 내가 돌보아야지 누가 돌봐드릴까. 어느 누구 하나 찾는 이가 없어서 외로운 우리 엄마. 내가 돌보아야 한다. 어렸을 적 엄마에 대한 기억이 지금은 많이 희미해졌지만 엄마가 계셨기에 지금의 내가 있다. 비록 생존해계시진 않지만 나를 낳아주신 엄마께 큰 감사 올린다. 내가 살아있는 날까지 엄마를 위해 영생 기도를 드릴 것이다.

드디어 재개발 지역이 되다

 그동안 2002년 월드컵이 우리나라에서 열렸고 그 개막이 성대하게 치러졌다. 전 세계가 대한민국을 좋게 평가하고 한민족이 얼마만큼 위대한가를 전 세계에 알리는 계기가 되었다. 나도 대한민국 국민으로서 커다란 자부심을 갖게 된 월드컵이었다. 이렇게 세월이 빠르게 흐르며 많은 변화를 일구었는데 나는 별로 달라진 것이 없어서 스스로를 질책할 수밖에 없다. 앞으로 보다 나은 삶을 살아갈 수 있을지 다시금 생각해보게 된다.
 국수적인 비가 시간당 40mm씩 쏟아져서 방 하나짜리 지층 방에 물이 찰까 봐 마음이 불안했는데 다행히 올해는 이상이 없다. 친정 옆으로 이사를 온 지 육 년째. 재개발 지역으로 바뀌어 앞으로 아파트가 지어진다니 하니 얼마나 기쁜지. 그 사이에 금싸라기 땅으로 바뀌었다. 재개발이 되기까지는 짧으면 삼사 년 길면 칠팔 년이 걸릴 것 같다. 내일은 우리 큰아들이 제대하는 날이다. 어미로서 이루 말할 수 없이 자랑스럽고 고맙다. 항상 자신의 위치에서 열심히 사는 우리 큰아들이 자랑스럽다. 둘째 아들은 아직도 어리광을 부리지만 이젠 볼에다 뽀뽀를 못 하게 하는 것을 보면 많이 성장한 것 같다.
 지금까지 남편이 부모 노릇과 남편 노릇을 하며 무척 많은 사랑을 베풀었기에 때론 부모님을 잊기도 하지만 기일이 다가올 때면 부모님이 생각나서 감정이 복받쳐온다. 두 분을 잃은 것만으로도 누구를 미워하거나 헐뜯기가 싫다. 아버지 돌아가시고 이러쿵저러쿵 많은 말들이 들려오지만 난 절대 흔들리지 않는다. 우리 아버지와 엄마 딸이기 때문에 커다란 자긍심을 가지고 삶에 임한다. 그 누구도 나를 흔들어 놓을 수 없다. 나는 주체적인 사람이기에 미워하고 헐뜯는 사람들에게 사랑을 베풀 것이다. 지금까지 그래왔고 앞으로도 그러할 것이다.

내가 학원 선생님이 되다

　방학 때 이따금씩 조카에게 영어와 논술, 한문을 가르쳤는데 오늘부터 영림학원에서 초등학교 학생 스물다섯 명을 가르치게 되었다. 공부가 영어가 미흡한 아이들을 열심히 가르쳐서 제자를 많이 양성해야겠다. 주님께 감사를 올려 영광을 드렸다. 내가 알고 있는 것을 나만 알고 있는 게 아까워서 학원을 갔는데 잘한 일이라고 생각하며 미소를 머금는다. 음력 칠월 백중도 지났는데 오늘도 날씨가 찌는 듯 무더웠다. 지나가는 세월이 아쉽지만 오늘 하루는 가슴 뿌듯하고 삶의 희열을 느낀다.
　올해엔 무더위가 엄청 심해서 땀도 많이 흘렸다 전화번호를 바꾸고 나니 마음이 홀가분하다. 대림동으로 이사 온 지 삼 년이 다 되어간다. 처서가 되어 날씨가 선선해지면 내 감정도 많이 변한다. 엄마가 돌아가신 지 2년이 되어가는데 천사 같은 내 동생 선란이를 낳아주지 않았으면 어찌했을까. 앞이 깜깜했을 것이다. 선란이가 있어서 너무나 고맙다. 남편에게도 너무 고맙다. 내 성격을 아시고 주님께서 김태연과 함께하라고 남편을 보내주신 것을 감사드린다.

나이는 숫자에 불과하다는 말

　큰아들의 사업이 어떻게 되어가는지 소식이 없어 궁금하다. 현대 아파트로 이사하고서 한 번 보고 소식이 없다. 둘째 아들은 감기에 잘 걸려서 내 마음이 아프다. 다른 회사로 들어가야 하는데 모든 일이 잘될 거다. 그런데 아이를 언제 가질지 속이 상한다. 저보다 어려운 사람들도 자식을 잘만 낳는데 아이를 갖지 않는 이유를 모르겠다. 내 나이 이제 칠십 줄에 섰다. 세월이 이렇게 빠를 줄이야. 남들은 오십 대 육십 대로 보인다고 말을 하지만 내 몸에서 느끼는 것이 확연히 다르다. 나이는 숫자에 불과하다는 말은 어불성설이다. 수십 년을 우여곡절 속에서 살아온 지금까지 하느님의 많은 말씀을 듣고 기도하며 살았다. 탄탄대로를 걷게 해주신 주님께 감사드린다. 내가 감사함 속에서 살아가니 주님께서 감사함을 더해 주신다.

　호접란에 물을 주려고 대야에 물을 받아 담가 놓았다. 연한 보라색이라 예쁘다. 예전에는 꽃에 관해서는 무반응이었는데 지금은 나이를 먹어서 취향도 달라졌는지 꽃에 관심이 많다. 어제 꿈에 큰아들이 집에 와서 도둑들을 한방에 때려눕히는 꿈을 꿨다. 아들을 꿈에서라도 보니 반가웠다. 사업이 잘되기만을 어미로서 기도해줄 뿐이다.

자식에게 기대는 세상은 사라졌다

    토요일인데도 새벽 5시 35분에 남편이 식사를 하고 출근을 했다. 사십삼 년간 건양 회장님을 모시면서 불평불만 없이 회사를 나간다. 대단한 나의 남편이다. 전화번호가 바뀌어선지 언니가 어제 오후 4시 30분에 헐레벌떡 우리 집에 와서는 미안하다며 울음을 터뜨렸다. 일단 밖에 나가서 식사를 대접했다. 귀염둥이 강아지 아리는 항상 내 옆에 누워있다. 사랑스러운 녀석 때문에 늘 웃을 수 있어서 감사하다.
    흑염소를 먹고 힘이 좋아졌는데 많이 먹게 된다. 그 누구도 비타민 하나 사 오는 이가 없다. 그래서 음식이든 약이든 내가 챙겨 먹어야 된다. 어른들이 품 안의 자식이라고 말씀하셔서 무슨 말인지 이해를 못 했는데 그 말씀이 딱 맞다. 자식에게 기대는 세상은 사라졌다. 그저 나는 내가 챙기고, 남편 것도 내가 챙겨야 한다. 뼈아픈 현실이다. 하느님을 믿지 않았으면 어찌 됐을까. 눈앞이 캄캄하다. 둘째 아들을 낳은 후에 사랑의 매를 맞고 주님을 영접했다. 얼마나 다행인지. 하느님 성모님 감사합니다. 하늘나라 갈 때까지 지켜주옵소서.

큰아들과 3년 만의 통화

　어제 안사돈과 10년 만에 전화 통화를 했다. 내가 말실수를 해서 아들 며느리가 오지 않는 거라 했더니 자신이 딸을 잘못 키운 데서 오는 거라 오히려 죄송하다 하신다. 참 아름다운 마음을 가졌다. 다시 아들 내외와 민준이를 볼 수 있다면 좋겠다. 안사돈 얘기로는 큰아들 사업이 힘들다고 해서 가슴이 아프다. 얼마나 힘들까. 아들아, 어서 전화해라. 애미가 기다리고 있노라.

　어제는 큰아들과 통화를 했다. 어언 삼 년 만에 목소리를 들으니 날아갈 것 같았다. 건강한 목소리를 들으니 일단 안심했다. 우리 손자 민준이도 훌쩍 컸다고 한다. 마음이 하늘을 나는 기분이라 하루가 엄청 즐거웠다. 오늘도 아리 목욕시키고 병원으로 마트로 은행으로 다니려면 많이 바쁠 것 같다. 아침에 눈 뜨자마자 주님께 성모님께 기도드리면 기쁨이 온다. 처음이요 나중이신 주님께 오늘 하루도 의탁드린다. 평화가 함께 하길 바라며.

그저 기도밖에 없어서

TV 프로그램 중에 요즘 대세는 트로트인지 채널 이곳저곳을 돌려도 트로트가 난리다. 열광하는 관중들이 환호하며 노래를 즐긴다. 근데 나는 트로트보다 Pop Song을 좋아한다. 미스 때부터 pop을 즐겨들었다. 비지스, 비틀즈, 크리프리차드 등을 좋아했는데 지금은 하느님 말씀을 제일 중요시하고 가장 열심히 듣는다. 말씀이 나의 마음을 움직이고 영혼을 맑게 하는 것이 마치 꽃길을 걷는 느낌이다. 남편은 일요일이면 새벽 미사에 참여하고 레지오도 열심히 하며 오후엔 삼각지 평양집에서 교우들과 고스톱을 즐긴다. 치매에 걸리지 않으려면 열심히 쳐야지.

며칠째 작은아들한테 연락이 없어서 궁금하여 내가 먼저 축복의 문자를 넣었더니 삼십 분 있다가 전화가 왔다. 아픈 음성이어서 놀랐는데 열이 몹시 나고 식은땀을 흘리노라고 해서 또 깜짝 놀랐다. 둘째를 임신했을 때 잘 먹지 못해서 원바디 한 병으로 때우고 애를 낳고선 모유를 보름밖에 못 먹이고 병상에 누웠기에 작은아들한테 먹이지 못해 보기보단 약골이다. 어서 병원에 다녀오라고 했는데 병명이 뭔지 몰라 마음이 뒤숭숭해서 십자가 고상 아래 앉아 주님께 기도를 드렸다. 그저 기도밖에 없어서 안 좋은 일이면 주님을 찾는다. 별일 없어야 하는데 내 마음 조바심이 난다. 자식이 뭔지 애미로서 어디에 있으나 기도가 절로 나온다. 오직 기도밖에 없다.

5부

散文

아직 늦지 않았으니 행동하라

아직 늦지 않았으니 행동하라

신부님께서 강론 중에 선한 곳에 마음을 두라 하셨다. 요즘 뉴스를 대하면 많은 이들이 나쁜 유혹이나 악한 유혹에 빠져서 여러 가지 안 좋은 일들을 겪는다고 매스컴에서 떠들썩하다. 오늘은 남편이 12시가 다 되어 집에 올 것 같다. 결혼 초부터 지금까지 월급이 적건 많건 45년간 결근 한 번 하지 않고 회사를 다녔다. 한 길만 고집하고 누구의 도움도 없이 살아온 남편이 대단하다. 천사 같은 남편을 만나 사는 나는 이제야 행복함을 느낀다.

내 안에 숨겨진 재능을 살려서 나이를 먹었어도 늦지 않았으니 행동하라는 황창연 신부님의 유튜브 말씀을 듣고 고개를 끄덕였다. 강원도 평창의 생태 마을에서 지내시면서 청국장과 된장, 간장 등 몸에 좋은 것을 만들어 판매도 하시고 직접 드신다고 한다. 그리고 수많은 곳을 다니면서 강론을 하시는데 하느님 말씀을 전하실 때 위트있게 말을 해서 폭소를 자아낸다. 주님의 달란트를 많이 받으셨다. 나도 많이 배우고 실천으로 옮기려고 애를 쓴다.

사랑하는 친구들과 함께라서

우리 집엔 여러 가지 꽃과 나무들, 어항에 열대어들이 집안을 환하게 비춘다. 나는 호접란과 행복나무, 동백나무를 돌보고 호야꽃은 저절로 피어 향기가 좋다. 또 스노우 화이트는 각기 모양새를 갖추며 자신의 개성을 뽐낸다. 나무들과 꽃들에게 햇빛과 물을 일정하게 주면 모두 싱싱하게 잘 자라준다. 하느님의 섭리가 오묘하다. 어항의 물을 갈아주면서 잘 자라준 이름 모를 물고기가 고맙다. 위아래로 쌩쌩 헤엄치며 빛을 가르고 있다. 어항이 네 개라서 한꺼번에 물을 갈아주려면 조금은 버겁다. 그래서 며칠씩 두고 번갈아 가며 물을 갈아준다.

중3 때 만난 친구들이 아직도 모임을 갖고 있다. 인정이 많고 정감 어린 어여쁜 복자, 신앙심이 두텁고 예언의 은사를 받은 금진이, 혼자서도 모든 걸 잘해 내는 현숙이, 부지런한 희숙이, 잘 웃는 정순이 이렇게 여섯 명이 55년 된 동창들이다. 이 친구들이 얼마나 소중한지 모른다. 속마음을 털어놓는 친구들이 있어서 나는 행복하다.

줄 사람한테 줘서 마음이 흡족하다

구연이한테서 전화가 왔다. 나의 귀한 남동생인데 엄마 돌아가시고 나서 그 인물에 경비를 하고 있다. 일이 없을 때 누나로서 조금은 도와줬지만 일을 다니고부터는 돈 얘기하지 말라고 일침을 놨다. 인생은 새옹지마다. 누가 어떻게 될지 아무도 모른다. 하지만 단언하건대 노력하는 자만이 가질 수 있는 특권이 있다.

청소하는 아줌마한테 김치를 건네주었다. 그 집은 아저씨가 요리를 잘한다고 하신다. 나도 마음이 흡족했다. 김치 냉장고 안에 김치통들이 비어있고 양파즙만 한 통 가득 담겨있다. 인터넷을 검색해보니 양파에 안토시아닌이라는 성분이 들어있어서 먹으면 좋다고 한다.

산다는 것은

　몇 달 전만 해도 어떻게 하면 죽을까. 우울이 나를 힘들게 해서 오전 10시까지 잠을 자고 그러면 마음이 우울해서 아무것도 하기 싫고 눈을 뜨지 않으면 좋겠다고 생각하며 사탄이 나를 휘어 감고 돌아가신 분들이 매일 내 꿈에 나타나곤 했었다. 그런데 큰아들 목소리를 듣고 남편 몰래 돈을 주고 나서부턴 불안이 엄습해와서 이러면 안 된다 생각하고 나도 정신을 가다듬으려고 노력한다. 성모님의 슬하에서 살기로 약속하고 나서부터는 우울에서 기쁨으로 변화시켜 주셨다. 이 어찌 기쁘지 아니한가. 성모님, 저를 변화시켜 주셔서 감사합니다.
　둘째 아들이 컴퓨터를 가지고 온다고 한다. 혈기를 죽이고 항상 겸손하라고 권면한다. 4년 전부터 둘째가 항상 돈이 모자라 해서 조금 보태주곤 했는데 구월부턴 자급자족하라고 했다. 형을 따라가려고 노력은 하는데 막내는 막내다. 모든 것이 내 마음에서 되는 게 아니고 주님과 성모님께 의탁하여 말씀에 순종하고 말씀 따라 세상을 살아가야 한다. 이젠 글 쓰는 게 좋아서 시간만 되면 무슨 글이라도 쓴다. 여기 우리 집 주변에는 서점이 없어서 영등포로 나가야겠다. 남이 쓴 글도 보면서 배우고 익히며 나의 삶에 접목해서 쓴다면 작품이 나올 것 같다.

  물고기 구피가 낳은 새끼 14마리 중 3마리만 살아남고 나머지는 죽었다. 꼬리가 얼마나 아름다운지 그걸 흔들며 이곳저곳을 헤엄쳐 다닌다. 물고기도 서열이 있다 하니 신기하다. 힘이 제일 센 놈이 앞장서서 다니고 그 아래는 따라다닌다. 나는 물고기가 서열이 있다는 말은 처음 들었다. 암튼 번식률도 높고 해서 한 마리에 천오백 원을 주고 사 왔는데 새끼를 낳는 거 보면 너무 신기하다. 그래서 어항이 4개로 늘었다. 우리 남편과 나는 나이 먹을수록 취미도 비슷해진다. 조금 있으면 여름이라서 얇은 이불을 사러 농협마트에 다녀와야 한다. 마트에 가면 우선적으로 사는 게 과일인데 그중에서 사과를 맨 먼저 산다. 나는 사과 마니아인데 어려서부터 사과를 무척 좋아했다.

신앙의 본보기

오늘 호서대에서 근무하는 이기영 교수님께서 전화를 주셨다. 내가 알기로는 한 60년도 더 된 것 같다. 외할머니댁에 가면 외숙모님 댁으로 해서 가야 하는데 그곳에 나랑 두 살 차이가 나는 이기영 교수가 있어서 대화가 잘되곤 했다. 천주님을 모시는 집안이고 외숙모님이 믿음이 깊으셔서 집안에 고상과 성모님 사진을 걸어놓은 걸 봤다. 그때에는 잘 몰랐는데 외숙모님이 집안 어른으로서 자식들과의 유대관계나 질서를 잘 잡으신 것 같았다. 그리고 자식들의 교육을 철저히 가르치고 자식들이 자신의 위치에서 최선을 다하는 것을 볼 때 배울 점이 많은 집안이라 생각했다. 이기영 교수님의 시집이 올해 말쯤에 나온다고 한다. 교수님의 아름다운 시를 빨리 보고 싶다. 어머니의 가르침에 반항하지 않고 효자 노릇 하신 교수님을 볼 때 고개가 숙여진다. 경기도 능곡에서 자라 초등학교만 거기에서 보내고 중고등학교와 대학까지 서울에서 유학시키신 외숙모님. 참 옛날 분이지만 교육에 눈뜨신 분이시고 또 아드님이 공부에 열중하는 것을 보고 가르침에 매진케 하신 것을 볼 때 교육열이 대단하고 본보기가 되신 분이다. 어디에 있던지 잘될 사람은 잘 되게 되어있다. 외숙모님이 친히 십자가를 지심을 나는 알고 있다. 대단한 신앙심이시다.

사업주만 좋은 일 시킨다

　오늘은 남편이 월급을 받는 날이어서 기분이 좋아 거실을 깨끗하게 닦았다. 하지만 43년 된 월급치고는 너무나 작다. 남편은 남에게 싫은 소리를 하는 것을 싫어한다. 그러다 보니 사업주에게 말만 하면 되는 것을 말을 안 하니 일은 많이 시키고 돈은 적게 준다. 대부분의 사업주들이 그렇게 해서 노동자들을 착취하고 부자가 되니 사업주들만 좋은 일 시킨다. 그래도 주님께 감사해서 감사헌금으로 오만 원을 드리고 요번에 추석이 끼어 있어서 나가는 돈이 많을 것이다. 장마도 길었고 해서 모든 농작물이 잘 되지를 않아서 비싸다고 한다. 모로코에서는 지진이 일어나서 많은 인명 피해가 났다. 이제 서서히 주님의 나라가 오기 시작한다. 러시아는 우크라이나를 집어삼키려고 전쟁을 벌이고 있고 강대국은 약소국을 집어삼키려고 혈안이다. 우리나라는 하느님이 보우하사 지켜주신다.

팔자 하나는 금 방석에 앉았다

 친구 금진이는 아는 것이 참 많아서 배울 점도 많고 이따금 통화하면 내가 많이 배운다. 추석 때 맨날 하던 음식만 하지 말고 새로운 음식 좀 해서 손주, 며느리들, 아들들에게 먹이라는 말에 고맙게 느껴지고 깨달음이 많다. 나는 왜 요리를 싫어할까. 여자인데도 할 줄 아는 게 별로 없다. 그래도 지금까지 먹고 살아온 것을 생각하면 용하게 살아왔다. 우리 천사 같은 남편이 배려해주고 이해와 사랑으로 아껴주어서 요리하는 데는 빵점이다. 시집와서도 시어머니가 다 해주시고 지금은 반찬가게에서 배달해오고 참 팔자 하나는 금 방석에 앉았다.
 과식했더니 소화가 잘 안 돼서 아침에 죽을 먹었다. 나이를 먹으니 모든 기능도 늙는 줄 모르고 마구 먹었다. 찬 수박 등 여러 가지를 한꺼번에 먹으니 탈이 나지. 둘째 아들은 오늘 면접 보러 가는데 꼭 합격했으면 좋겠다. 오후에 좋은 소식이 오길 바라며 기도를 드린다. 죽을 조금 먹으니 기운이 없다. 그래도 요번 추석에 큰아들이 민준이와 함께 올 것을 생각하니 마음이 흡족하다. 햇수로 삼 년 만이니 아들이 얼마나 보고 싶었겠나. 엄마들이 이래서 때 되면 자식들을 기다리는가 보다.

저녁 7시가 되어가는데 아직 남편은 들어오지 않고 삼각지에서 교우분들과 고스톱을 치는데 치매도 걸리지 않고 여러모로 머리에 좋아 내가 권유하기도 한다. 남자는 60세가 되면 귀소본능이 있어서 집에만 있고 부인은 삼시 세끼를 차려줘야 하니 남편이 집에 있는 것을 싫어한다는 황창연 신부님 유튜브 강론을 듣고 배꼽 잡고 웃었다. 유머 감각이 뛰어난 신부님이지만 여느 남자보다 세밀하게 남녀 사이를 잘 알고 있다.

늦은 갱년기

　우리 두 아들과 통화를 하면 할 말만 하고 탁 끊는다. 딸 가진 내 친구들은 미주알고주알 속들을 다 털어 넣어 서로가 공유하는데 아들 가진 어미들은 참 재미가 없다. 아들들에게 기대한 내가 잘못이지. 늦은 나이에 몇 달 전부터 갱년기가 와서 열이 났다 안 났다 마음이 이랬다가 저랬다가 변동이 심하다. 갱년기라고 해서 무슨 소린가 했는데 막상 내가 겪으니 힘들다. 조금 전부터 늦더위를 식히는 비가 조금씩 오기 시작한다. 더위가 빨리 물러갔으면 좋겠다. 어젯밤에 잠이 오질 않아서 뒤척이다가 약을 먹고 새벽 1시에 잠이 들었다. 아침 하늘을 보니 오늘은 다른 날과 달리 무척 기뻤다. 가브리엘 천사가 나와 함께 하시니 얼마나 감사한지 모른다. 생각이 바뀌면 생활이 바뀐다. 요즘은 내가 부지런해졌고 남편을 더욱 사랑하게 되었다.

감정의 결이 같은 사람

예수님도 열두제자 중에서 세 명만 사랑하셨다. 베드로, 야고보, 요한이다. 그 외 아홉 명은 사랑하지 않았다. 예수님도 서로 사랑하라고 하셨지. 모두를 사랑하라고 하시지 않았다. 우리는 5남매인데 내가 사랑하는 자매는 선란이다. 유일하게 나와 감정의 결이 같고 영혼이 맞는 것 같다. 비록 종교와 가치관은 다르지만 말이다. 서로를 위해 기도해주며 12살 차이 나는 동생이지만 때로 배울 점이 많은 동생이다. 21세기는 여성의 시대라 여성의 power가 각계각층에서 두각을 나타내고 있다. 이렇게 사회가 빨리 변할 줄 몰랐다. 경험과 지식에서 여성이 과거와 달리 많이 발전하고 있다. 성당에 가봐도 여성이 삼 분의 이를 차지하고 있다. 요즘 TV를 틀어보면 우리나라도 마약에 대한 뉴스가 많이 들리고 있다. 이제 한국도 마약에 많이 노출되어 있으니 참 안타까운 실정이다. 남녀노소를 가리지 않고 있다니 걱정이다.

여행으로 삶의 질이 높아지다

    54일 묵주기도를 끝내고 어디론가 여행을 하고픈 마음이 생겨서 현숙이랑 제주도 여행을 다녀왔다. 2박 3일간 제주 한 바퀴를 돌고 왔는데 쾌청한 가을 날씨와 맑은 공기, 맛있는 음식을 먹으며 다녔는데 가장 기억에 남는 곳은 마라도다. 바다가 얼마나 깨끗하고 잔잔한지. 배를 타고 마라도에서 가파도까지 한 바퀴를 도는데 기분이 날아갈 듯이 좋았다. 친구랑 내년에 또 갈 것을 약속하며 기분 좋게 여행하고 왔다. 공항에 인파가 넘쳐나고 가는 곳마다 인산인해이다. 경제가 안 돌아간다고 말들 하지만 가는 곳마다 사람들로 북적이고 잘들 먹는다. 관광버스가 줄지어 다니고 호텔은 사람들로 꽉 차서 제주도의 부가가치가 꽤 오를 것이다. 돈이 풍족하면 제주도에 빌라를 하나 사서 여행 가고 싶을 때 갔으면 싶다. 살면서 이런 향유도 부려야 살맛이 나지. 제주도에서 충전하여 서울에 돌아오니 생활의 여유가 생기고 기쁘다. 제주도 하면 경비가 꽤 비쌀 줄 알았는데 저가 항공이래도 안전하여 생각보다 저렴하게 다녀왔다. 행복한 느낌을 받아서 삶의 질이 높아진 것 같다.
    또 열흘 전에는 내가 사랑하는 동생과 내장산하고 전주 한옥마을을 다녀왔다. 가는 곳마다 사람들로 북적이고 기차를 타고 익산역에서 내리니 관광버스가 기다려서 차를 타고 내장산을 가는데 너무 좋았다. 먹거리도 풍부하고 엿장수가 음악에 맞춰 춤을 추는데 나도 흥겨워서 막춤을 추니 관광객들이 따라 춤추었다. 선란이는 계속 사진을 찍어주었다. 내장산 다음에 전주 한옥마을 가서 여기저기 둘러보며 쌍화차로 목을 축이니 온몸이 따스해졌다. 내 동생과 다니니 즐겁고 행복했다.

건강을 잃으면 다 부질없는 것

　신세계 백화점 음식점에서 친구들과 만나 불고기 정식을 먹었다. 희숙이는 치매에 걸린 남편을 모시고 왔는데 먼 훗날에 우리 모습을 보는 것 같았다. 늙어도 건강하게 늙어야지 참 마음이 찡해서 희숙이가 가여웠다. 땅이 많고 돈이 많으면 뭐 하리. 건강을 잃으면 다 부질없는 것이기에 보면서 기가 막혔다. 희숙이 부부를 보내고 친구들과 커피숍에서 이 얘기 저 얘기하며 시간을 보내고 4시 넘어서 헤어졌다. 오십 년 넘게 사귄 친구들이라 마음을 터놓고 얘기하니 너무 좋았다.
　겨울에 태어나서 그런지 겨울이 좋다. 더운 것보다 추운 게 낫다. 조금 있으면 나도 칠순이 된다. 꽤 오래 살았고 신앙의 힘으로 지금까지 왔다. 칠순 선물을 기대해보긴 하는데 아들들이라 살갑지 않아서 어찌 될지 모르겠다. 그저 물 흐르듯이 자연스러우면 될 일이다.

사업자등록증이 나왔다

오후에 둘째 아들한테서 전화가 왔는데 내일 사업자등록을 내기 위해서 세무서에 같이 가자고 한다. 둘째 아들이 지금 마흔한 살인데 사회 경험을 10년 하고 이젠 자기 사업을 한다고 하니 어미로서 대견할 뿐이다. 우리 식구들이 다 부귀영화를 누릴 수 있도록 지속적으로 기도드린다.

남편은 내 이름으로 사업자등록을 하는 데 담보나 보증을 서주는 것으로 인식하여 아침 출근길에 신신당부를 하고 절대 보증이나 대출해서 사업자금을 대주면 안 된다고 당부한다. 남편은 한 회사를 42년 동안 다녀서 보증수표나 다름없다. 오늘 사업자등록증이 나오는 날이라서 꿈만 같다. 둘째 아들이 드디어 사업을 시작한다. 주님께서 우리 큰아들, 작은아들을 사업하게 해주시니 더 넓은 사업을 시작함에 기쁘다. 여태껏 남의 밑에 있으면서 경험을 쌓고 자신에게 맞는 사업을 시작하게 됨을 기쁘게 생각한다. 이제 CEO인 두 아들에게 해준 것이 없고 다만 기도를 열심히 해주었을 뿐이다. 이제는 목표를 세워놓고 삶을 적극적으로 살아가니 기특하다. 오늘 오후에는 사업자등록증을 받으러 갈 참이다.

마음을 지혜롭게 하는 말씀

황창연 신부님의 유튜브 강론을 듣고 많은 생각을 하게 됐다. 나는 누구인가. 나 자신을 들여다봐야 한다. 신부님은 자신의 삶에 대해서 고뇌하지 않으면 안 된다고 말씀하신다. 그 말씀이 우리의 삶에 방패가 되어 마음을 지혜롭게 하고 여유롭게 한다. 젊은 나이에 신앙심도 깊고 말씀 하나하나가 내 마음을 후려친다. 나는 40대, 50대, 60대에 과연 무엇을 하며 살았는가. 나 자신을 들여다보면 참 한심하다. 한국에 황창연 신부님 같은 분이 계시니 사회가 고르게 돌아가는 것 같다.

쌀벌레가 생겨서 벌레를 고르고 있는데 금진이한테 전화가 왔다. 쌀은 5kg짜리를 사서 먹어야 금방 먹고 새 쌀을 사서 먹을 수 있다고 조언을 해준다. 치유와 지혜, 예언의 은사를 지니고 있는 금진이는 입에서 나오는 말마다 금싸라기 같은 말을 한다. 나한테는 신앙의 멘토이고 뭐 하나 버릴 것이 없는 친구이다. 내 두 아들의 사업에 대해 기도를 해달라고 부탁하니 금진이도 자신의 아들을 위해 기도해달라고 했다. 금진이와 허심탄회하게 소통을 할 수 있어서 좋다. 우리 모임의 친구들인 복자, 현숙이, 희숙이, 정순이도 모두 좋다. 친구 따라 강남 간다고 자신의 주위 친구들도 잘 둬야 한다. 나는 좋은 친구들을 둬서 정말 행복하다. 요즘 남편이 허리가 아파서 병원에 다니는데 하루빨리 쾌유하길 바라는 마음이다.

가장 감동적인 시

오늘은 이기영 교수한테서 시집 〈꽃이 피다니〉라는 책이 왔다. 한 반쯤 읽었을까. 아주 감동적이었다. 일곱 빛깔 무지개가, 삼라만상이 그 시집에 담겨있음을 느꼈다. 웃음도 나고 살짝 눈물의 감동도 느꼈다. 여러 시들 중에서 가장 감동적인 시는 〈아버지의 전화번호〉였다. 왜냐하면 나도 친정아버지께서 초등학교 2학년까지 꼭 끌어안고 주무셨던 기억이 있기 때문이다. 우리 아버지 생각이 나서 그 시가 가장 마음에 남았다.

남편은 요즘 허리 때문에 아픔을 겪고 있다. 허리 협착증이 와서 웬만하면 아프다고 하지 않는 성격인데 시술하고 나서는 고통스럽다고 한다. 측은지심이 생겨서 옆에서 보는 나도 괴롭다. 이기영 교수의 시집을 보니까 환경에 대해서 특별히 관심을 갖고 있고 〈노래하는 환경교실〉,〈음식이 몸이다〉 등 환경 관련한 저서를 출간하고 천안 아산 환경 운동 연합 공동의장으로 활동하고 있다. 엄마의 조카로 대한민국에서 환경운동을 하며 두각을 나타내는 영민한 교수이다.

참 신비하다. 기침에다 콧물이 나고 코가 막히는 감기를 며칠 전부터 앓고 있는데 약 먹고 나서 그 약 기운이 사라지면 다시 아프다.

어쩐지 감기에 걸리지 않았다고 생각했는데 그만 걸리고 말았다. 남편도 허리 협착증이 낫질 않아서 화요일에 또 시술을 한다고 한다. 하루빨리 나아야지 옆에서 지켜보는 나도 마음이 편치 않다. 보름 있으면 남편은 76세, 나는 71세가 되는데 오래도 살았다. 지금까지 해온 건 없지만 이렇게 글을 쓰게 되어 기쁘다.

내가 좋아하는 돈

팝송이 나의 마음에서 흐르고 있다. 난 어려서부터 음악을 참 좋아했다. 중·고등 학창 시절에는 반대표로 뽑혀서 노래를 부르곤 했다. 엄마도 노래를 잘 불러서 아버지가 보고 반해서 결혼했다 하셨다. 나는 엄마의 유전자를 이어받아 음악에 소질이 있나 보다.

곧 봄이 오려는지 베란다 밖의 기온이 조금은 온화해진 것 같다. 돈은 내가 무척 좋아하는 종이다. 근데 그 종이를 왜 그렇게 다들 좋아하는가. 돈이 없으면 눈물도 나고 화도 나고 억장이 무너진다. 돈을 따라 우리는 오늘도 바쁘게 걷고 뛰고 달린다. 어떤 이는 하늘을 날아 전 세계로 나가기도 한다. 내가 좋아하는 돈, 언제까지 좋아할까. 사람을 울리기도 웃기기도 뺨을 후려치기도 하는 돈. 돈이 많을수록 좋은 놈 나쁜 놈 된다. 땀을 흘릴수록 돈은 쌓이고 땀을 흘리지 않으면 돈은 사라진다. 나는 웃지도 울지도 않으련다. 그저 산천초목이 좋다.

남편이 허리 협착증으로 보름 전부터 지팡이를 짚고 다닌다. 먼 나라 얘기인 줄 알았는데 남편이 지팡이를 짚고 다닐 줄 꿈에도 생각지 못했다. 하지만 남편은 굴하지 않고 지팡이를 짚고 열심히 다니고 있다. 화도 잘 내지 않고 웬만하면 웃어넘긴다. 그런 남편이 존경스럽고 43년간 외로운 길을 달려온 남편이 우직하고 가정을 사랑할 줄 아는 것이 고마울 따름이다. 오늘과 내일 비가 온다고 했는데 아직 오지는 않고 있지만 남편이 일하는 데 지장이 있을까 봐 걱정된다.

직장생활을 정리한 남편 1

　남편이 허리 협착증 때문에 강남의 모 병원에서 시술하고 입원하였다. 남편이 집에 없으면 나는 통 잠을 이루지 못한다. 왜 그러는 걸까. 참 신기하다. 오늘도 밤을 꼬박 새워야 한다. 그리고 남편이 허리 협착증으로 이틀 시술하고 회사에 가지 않았더니 회장 부인이 일주일 몸조리하고 보자고 한단다. 일주일 후에 퇴직금이 얼마 나올지 모르지만 집을 산다고 갖다 쓴 돈이 있어서 다 제하고 나올 것이다. 기대는 조금 해보지만 그들의 특이한 계산법이 있을 것이다. 어찌 되었든 잘됐다. 남편이 그동안 고생해서 마음이 참 무거웠는데 이제부턴 쉬어야지. 지팡이 짚고 다니던 남편이 이젠 지팡이 없이 다니고 나는 감기가 한 달 동안 이어지더니 조금 나은 것 같다.

직장생활을 정리한 남편 2

남편이 퇴직한 지 보름이 지났다. 내가 남편을 많이 배려하고 아껴야 하는데 그렇지 못하고 있다. 남편이 집에 있으면 더 잘 대해 주어야 한다고 생각하면서 왠지 마음은 냉기가 싸늘하다. 사람의 마음은 참 묘하다. 남편은 기운이 없어 보이고 예전의 남편 같지 않다. 허리 때문인지 일을 놓아서 그런지 기가 많이 죽었다.

내 남편은 천사다

　남편이 직장에 청춘을 다 바쳤는데 퇴직해서 돌아온 건 이것저것 떼고 얼마 안 되는 퇴직금이다. 사전에 집을 장만해서 다행이지 회사만 믿고 있었으면 큰코다칠 뻔했다. 암튼 퇴직하고 나니 의료보험, 퇴직연금, 노령연금 다 신청해 놓은 상태이다. 주님, 일찍이 지혜를 주셔서 감사합니다. 나는 남편이 회사를 위해서 봉사했노라 생각한다. 뭐든지 마음먹기에 달린 것이니 봉사했다고 생각하면 화가 덜 난다. 회사에 43년간 희생당한 것 같은 남편이 안쓰러울 뿐이다.

　내 남편은 천사다. 왜냐하면 항상 나의 마음에 평화를 준다. 이해심도 넓어서 싫은 소리는 대체로 안 한다. 회사를 퇴직한 지 보름이 지났는데 오랜 직장생활로 인해 집에 있는 건 좀 어설프다. 나는 우리의 마음에 화가 머무르지 않게 하려고 선하고 좋은 것들을 떠올려서 환기한다. 남편이 가만히 집에 있는 성격은 아니지만 허리 때문에 소파에 누워 지내는 것을 보면 병을 이기는 장사는 없나 보다.

　남편 생일 때에는 큰아들 내외가 다녀갔다. 민준 애미가 시아버지 드실 미역국을 끓여 가지고 와서 마음이 흐뭇했다. 손주를 보니 정말 반갑고 기쁘다. 내 손주를 위해서 나는 계속해서 주님께 기도하련다. 좋은 친구들과 좋은 선생님을 만나 소통하는데 어려움이 없이 살아갈 수 있도록 인도하여 주옵소서.

카타르 월드컵 4강 진출 실패

2023년 카타르 월드컵 축구 8강전 한국과 호주의 대결에서 손흥민이 두 골을 넣어 전반전에서 졌는데 후반전에서 골을 넣어 2:1로 이겼다. 4강으로 가는 시점에서 2월 6일 새벽에 4강을 놓고 대결하는데 우리나라 선수들 너무 잘한다. 하늘에서 내려왔는지 손흥민은 머리로, 몸으로 축구를 하고 황희찬, 조규성, 이강인, 황인범, 김영권, 김민재, 조현우 등 모두 다 축구장에서 온몸으로 투지를 불사르고 있다. 난 카타르 월드컵에서 우리나라가 우승할 것 같은 느낌이다. 정치하는 사람들은 서로 말장난하며 하루를 다 보내는데 한국을 선진국으로 이끌고 있는 축구나 K POP 등등이 대한민국을 세계 최강으로 이끌고 있다. 선조들이 일본의 억압과 고난을 뚫고 삼일운동을 전개한 덕분에 지금의 우리가 자유를 누리고 있다. 그때 얼마나 많은 애국지사가 숨을 거두었을까. 그 시기의 역사 속에 살지는 않았지만 방송에서 학교에서 보고 들어서 잘 알고 있다. 나는 이 자랑스러운 대한민국에서 태어난 것을 큰 축복으로 여기며 살고 있다. 4강에서 요르단을 꺾고 결승에서 승리하기를 기도하며 대한민국이 전 세계를 제패하는 일등 국가가 되길 기대한다.

새벽 12시에 요르단과 경기를 했는데 2:0으로 우리나라가 지고 말았다. 시민들 반응은 시큰둥하지만 열심히 잘 싸워주었다. 태극전사들이 땀으로 범벅이 되어 축구장을 동분서주하는 모습들이 참 대단하다고 생각된다.

실업 급여를 신청하다

　실업 급여를 받기 위해서 고용센터에 가서 강의를 들었다. 실업 인정일, 구직횟수, 구직활동 기간, 지급 일수, 실업 인정, 신청 방법 등 모르는 단어들 때문에 강의 끝나고서 이것저것 물어보고 나서야 조금은 알 것 같았다. 구직 신청에서 버벅거려서 작은아들한테 인터넷으로 신청 좀 해달라고 했다. 남편 이력서 전송은 했는데 구직 신청은 며칠 있다가 해야 한다고 해서 안도감을 느꼈다. 이래서 자식이 있어야 한다. 오늘 추위에 떨면서 아침 일찍 잘 갔다 왔다. 남편의 허리 협착증이 빨리 나아야 할 텐데 건강한 모습이 되길 바라고 있다. 실업 급여를 신청한 지 보름이 좀 넘었는데 오늘 급여가 오십만 원 넘게 통장에 입금되었다. 참 좋은 세상이고 대한민국에서 태어나갈 잘했다. 우리 부모님 덕분이다. 부모님이 하늘에서 자녀들을 위해, 가난하고 병든 이들을 위해 기도해주시리라 믿는다.
　내일은 설날이고 우리 아들들, 며느리들, 귀한 민준이가 온다. 우리 민준이를 위해 지속적으로 기도를 드릴 것이다. 감사한 건 모든 육신이 건강하다는 것이다. 인생은 새옹지마. 누가 어떻게 어느 곳으로 튈지 모르는 게 인생이거늘 교만도 좌절도 하지 않고 겸손하게 모두를 포용하며 살아가련다.

몸에 안 좋은 음식을 알게 되다

아침 8시에 조상님께 차례 지낼 준비를 하는데 작은아들 내외가 갈비찜을 해서 오고, 큰아들 내외와 민준이가 와서 함께 차례를 지냈다. 우리 손주 민준이가 많이 좋아져서 나는 무척 기뻤다. 자손이 뭔지. 손주가 있으니 기쁘고 성장하는 모습이 너무 귀엽고 사랑스럽다. 말 한마디에 와르르 식구들을 웃게 만든다. 올 한해도 우리 식구들 주님 안에서 건강하고 축복이 넘치기를 기도한다.

〈음식이 몸이다〉라는 책을 보며 많은 것을 보고 배운다. 그중에서 우리가 즐겨 먹는 패스트푸드는 햄버거, 콜라, 피자 등 안 좋은 게 너무 많다. 가공식품 중에는 청량음료와 어묵, 라면, 햄, 소시지, 간장, 젓갈류, 사탕류, 아이스크림 등이다. 아이들이나 어른까지 우리가 쉽게 접할 수 있는 식품들이 몸에 안 좋다. 비만과 당뇨와 심혈관 질환을 일으키는 위의 것들을 다시 한번 생각해보는 계기가 되었다. 쌀, 밀가루, 설탕, 소금, 식용유가 식탁의 오적으로 불린다는 사실도 알게 되었다. 이기영 교수님이 보내준 책을 보며 확실히 배움이 많고 지식이 많아서 본받을 점이 많다는 것을 느낀다. 주님께서 이 책을 보고 삶에 있어서 많이 반영하라고 인도해주심을 감사드린다.

가족들의 건강과 언니의 안부

　우리 작은아들은 며칠 전부터 감기로 아프더니 지금 전화해 보니 아직 아픈 기색이 있다. 요즘 바이러스가 강해서 감기 한 번 걸리면 좀처럼 낫기 힘들다. 그래서 은근히 걱정이 된다. 유아 때도 감기를 많이 앓았는데 작은아들이 보기보단 약골이어서 안타깝다. 사업을 시작하는데 일 원 한 장 보태준 게 없고 혼자서 해결해 나가야 하니 신경이 많이 쓰일 테고 스트레스도 심하리라. 오늘의 화창한 날씨처럼 작은아들 사업도 화창하게 번창할 것이다. 남편의 허리 협착증도 많이 좋아졌는데 완전하게 낫길 기도한다.
　원수니 뭐니 해도 하루에 열 번 싸우고 다신 안 볼 것처럼 해도 막상 언니한테 전화가 오지 않으면 궁금하고 무슨 일이 생겼는지 걱정이 되는 것이 사실이다. 시어머니께서 항상 말씀하셨던 것처럼 '오리가 제 무리를 따라다닌다'는 말의 의미를 이젠 알 것 같다. 그래도 엄마가 자매를 낳아주셔서 외롭지 않고 언니가 있어서 좋을 때가 많다. 오늘은 언니가 전화를 하지 않아서 보고 싶다.

71살이지만 마음은 봄 처녀

영국의 토트넘에서 뛰고 있는 우리나라 손흥민 선수가 참 대단하다. 외국에서 뛰는 게 쉽지 않은데 pay를 엄청나게 줘서 영국에서 뛰고 있다. 축구에 대한 감각이 정말 뛰어나고 투지와 요령, 계산된 볼 감각이 남다르다. 나도 축구를 엄청 좋아한다. 우리 아버지도 젊었을 때 축구를 해서 집에 필요한 주전자나 대야 같은 것을 받아오시는 걸 보곤 했다. 아버지의 피를 이어받아 나도 축구라면 그날 하루가 가슴이 설레고 벅차 온다. 재미있고 흥미로운 세상이다. 여름에 파리올림픽이 열리는데 기대가 되고 지금부터 기다려진다.

꿈틀대는 날씨로 인해 봄이 오고 있음이 느껴지고 개구리가 금방이라도 튀어나올 것 같다. 봄이 오기를 설레며 기다리는데 나이가 71살이지만 마음은 봄 처녀이다. 세월과 나이만 흘러갔을 뿐 아직도 내 마음은 열일곱 소녀와 같다. 우리 집에 행복나무, 동백나무, 가로수 펜다, 호야 등이 싱그럽게 잎사귀를 펼치고 있다. 타임머신을 타고 되돌릴 수만 있다면 옛 모습으로 돌아가고 싶은 심정이다. 시든 이름 모를 화분을 가져온 남편. 꽃이 지려 해서 가지를 살짝 잘라주었다. 사시사철 꽃과 나무들이 산천초목에 피고 지듯이 우리 집의 꽃과 나무들도 자연스럽게 피고 지고 있음에 감사할 뿐이다.

퇴직 후의 남편 모습이 낯설다

　은근히 날씨가 춥고 흐려서 마음도 가라앉는 것 같다. 요즘은 남편이 나를 보고 환하게 웃지만 강아지 아리에게는 무섭게 대한다. 안방의 인기척을 느낀 아리가 밖에서 방문을 긁으면 구두 헤라로 아리를 때리려고 한다. 남편이 왜 그러는지 모르지만 나를 무척 부담스러워한다. 남편은 안방에서, 나는 거실에서 각자 취향이 달라 서로 보고 싶은 것을 본다. 그리고 할 말 외에는 말을 섞지 않고 방으로 얼른 들어간다. 참 가슴이 아프다. 퇴직하고 사람이 이렇게 변할 줄 미처 몰랐다. 참 슬프다. 어떨 땐 가슴이 답답해서 혼자 한숨을 쉬기도 한다. 하지만 남편은 내가 지혜롭게 말을 하면 자신의 단점을 빨리 시정한다. 그리고 예전처럼 웃어준다. 내가 욕심이 과하여 잘해주면 잘해줄수록 더욱더 잘해달라는 아이와 같이 투정을 부리는 건지도 모르겠다. 나는 이해를 잘해주는 남편이 좋다. 남편의 몸이 좋아지기를 기도하면서 선한 마음을 가지려고 노력한다. 사람이 주님의 말씀대로 살면 그 어떠한 고통도 다 이겨낼 수 있다고 생각한다.
　눈을 떠보니 창밖이 환해서 자세히 보니까 나뭇가지에 눈이 쌓여 있다. 아이들처럼 나는 신이 났다. 하늘에서 주신 선물에 기분이 상쾌했다. 남편이 퇴직하고 종일 집에 있는 게 익숙하지 않아서 이 시간이면 낮잠을 자곤 한다. 이러다가 우울증이 오는 것은 아닌지 은근히 걱정이 되기도 한다. 괜한 걱정일까. 나는 오히려 남편이 집에 있으니까 좋고 여유롭다. 항상 나를 배려해주는 남편을 고맙게 생각한다. 바깥 날씨는 흐리지만 마음은 쾌청하고 행복해서 남편 귀에 대고 나는 행복하다 했더니 지그시 웃는다. 주님, 감사합니다.

비 오고 구름이 달을 가린 보름날

　퍼스날 데이터의 대표가 되니까 이곳저곳에서 어떻게 알고 전화들이 온다. 오늘은 롯데카드에서 카드 하나를 무조건 쓰라고 들이댄다. 작은아들한테 물어보니 안 해도 되는 거라고 해서 취소했다. 앞으로 다음 달부터 노령연금 국민연금 고용연금 세 군데서 돈이 들어온다. 남편이 회사 그만두면 어떻게 사나 했더니 이곳저곳에서 돈이 들어와서 걱정을 안 해도 된다. 남편은 날씨가 좋아서 잠깐 밖에 외출했다. 조금씩은 걸어줘야 하체에 탄력이 생기겠지. 그래서 시간은 꽤나 잘 간다.
　보름날인 오늘은 오후부터 비가 와서 보름달을 볼 수 있나 했더니 구름이 달을 가리어서 못 봤다. 오곡밥과 부럼을 먹고 나쁜 액을 물리치라고 보름날을 만든 것인지 옛 선조 님들께서는 이래저래 명절을 많이 만드셨다. 나도 팥을 깨끗이 씻어서 한 시간 끓인 후에 베란다에다 놨다가 팥밥을 해서 남편과 며칠 동안 무나물, 고사리나물과 함께 맛나게 먹었다.
　큰아들이 민준이를 데리고 왔다. 워낙 말이 없고 속을 드러내지 않아서 어미로서 아들 집 소식을 듣고 싶지만 말하기도 그래서 오느라 수고했다고 반갑게 맞아주며 인사만 한다. 사회가 만만치 않아서 모든 걸 이겨내고 자신의 위치를 잘 지키려면 지식과 교양 등 여러 가지를 알아서 대처해나가야 할 텐데 주님의 천사가 민준이를 항상 지켜주시리라 믿는다. 나도 지병이 있었는데 지금은 많이 좋아졌다. 그동안에 내가 살 수 있었던 것은 신앙의 힘 때문이다.

없어선 안 되는 비타민 같은 음악

　요즘 나는 남편의 퇴직으로 편안하게 다가서질 못하고 있다. 역시 남편도 서먹하고 어색해하는 눈치다. 나이 들면 졸혼이니 별거니 하는 일들이 왜 있나 했더니 이제 조금은 이해가 된다. 혼자 왔다가 혼자 가는 이 세상에서 아귀다툼도 많고 오해와 미움 등 보이지 않는 분노가 쌓여 나이 들어 서로 등을 돌리고 생을 마감하게 된다. 나는 미움의 마음을 씻기 위해서 몸과 마음을 깨끗이 씻었다. 내일은 다시 해가 뜰 테니까.
　마음이 울적해서 유튜브에서 흘러나오는 샹송을 들으면 괜히 눈물이 날 것 같다. 음악은 나에게 없어서는 안 될 비타민이다. 비타민을 하루 한 번 먹으며 내 생각과 마음을 쓰니 눈물은 사라지고 행복의 강으로 노를 저어 간다. 행복의 강물을 보며 나는 어느 여주인공이 된 것 같다. 눈물과 웃음과 행복을 가져다주는 삶 속에서 어느 땐 방황하지만 다시 내 자리로 돌아오곤 한다. 사람이 무엇이기에 이토록 돌봐주십니까. 주님, 오늘도 마음의 강물 위에서 노를 저으며 이 글을 씁니다.

노아의 방주 궤를 짜듯이

두드리면 열릴 것이라고 했던가. 두 달 후면 퇴직연금이 끝나서 마음속으로 속앓이를 했는데 하나님께서 역사하셨다. 예전에 다니던 영림학원 원장한테 전화하니 지금 중고등 선생님이 얼마 후면 그만둔다고 그때 내게 전화한다고 했다. 월요일에 한 시간 삼십 분 한 번 가르치고 오십만 원을 주는 조건이다. 한 달 후에 전화한다 했는데 그 전에 전화가 왔으면 좋겠다. 감사함이 감사를 부르고 또 감사가 감사를 부른다.

며칠 전 입주자 대표에게 우리 아파트 이름 옆에다 영문을 덧붙이자고 제의했는데 입주자 대표는 좋다고 수락했다. 회의 때 안건으로 해서 대화를 나누자고 하니 추석 지나고 나도 회의에 참석할 것 같다. 내년 4월이면 5분 거리에 대림 삼거리 지하철이 생긴다. 이곳의 부가가치가 더 오를 것 같다. 노아의 방주 궤를 짜듯이 주님께서 축복해 주심에 감사할 따름이다.

내가 좋은 일을 만들어가는 것

　일본을 가고 싶어서 이 친구 저 친구에게 말을 하니 한 명은 일 때문에, 또 한 명은 손주 때문에 못 간다고 한다. 저녁에 남편이 추어탕을 사줘서 같이 먹고 시장에서 김치를 사서 갖고 왔다. 나는 음식솜씨가 제로다. 음식을 하면 식구들이 먹지를 않아 버리기 일쑤이니 반찬은 반찬가게에서 배달해서 먹고 있다. 그러면 남편은 타박할 만한데 평생 인상 한 번 쓰지 않고 맛나게 식사한다. 남들이 말하길 연습을 하면 되지 않느냐 하는데 그게 말처럼 쉽지가 않다. 하지만 나는 노래를 잘한다. 학창 시절에도 잘했지만 지금까지도 사람들이 잘한다고 말한다. 밖에 외출하면 날씨가 춥지 않은데 집에 들어오면 춥다. 내가 웬만해선 추위를 타지 않는데 세월의 흐름에 내 몸도 따라서 변하는 거 같다.

　바람이 많이 불고 저녁부터 세찬 비가 온다고 한다. 봄에 비가 내려줘야 산과 들이 물을 흡수해서 땅이 가물지를 않는다. 우리 집에는 노래하는 꽃들이 있는데 행복수, 동백나무, 호야나무, 팬다나무, 카랑코에 꽃이 핀다. 아침에 일어나서 나무와 꽃들을 보면 적지 아니 행복감을 느낀다. 나무들과 꽃들이 행복을 주는 것은 길러 본 사람만이 안다. 물고기 구피는 수놈만 있어서 암놈은 이따가 사러 갈

참이다. 내가 기를 줄 몰라서 자꾸 실패한다. 요번에 사면 잘 길러서 새끼도 낳으면 좋겠다. 행복은 내가 좋은 일을 만들어가는 것. 살아볼 만한 세상이니 감사가 넘치고 기쁨이 넘친다.

  오늘은 좋은 일이 있었는데 물고기 구피가 새끼 11마리를 낳았다. 나는 어항 속을 자주 들여다보는데 여러 마리가 헤엄쳐 다녀서 깜짝 놀랐다. 맨 처음엔 8마리를 낳았고 한 시간 있다가 2마리를 낳았고 또 한 시간 있다가 1마리를 낳는 것이었다. 자연의 섭리에 놀라고 정말 감사하다. 기쁨과 행복은 그냥 주어지는 것이 아니고 내 마음에서 흘러나오는 것이기 때문에 성모님과 교류하고 천사가 같이 동고동락하니 어찌 기쁘지 않으리오. 정말 살아볼 만한 세상이다.

삶을 후회 없이 살라는 말씀

　장마가 시작되어 어제부터 중부지방에 억센 비가 오기 시작했다. 우기 때면 전에 살던 아파트에선 항상 집안이 눅눅하고 곰팡내가 났는데 여기 현대 아파트는 4층이라 비가 와도 산뜻하다. 남편은 퇴직하고 집에 있은 지 7개월이 되어가는데 요즘 갑갑증이 났는지 병원 옆 공터 마당에서 온종일 앉아있다 온다. 그래서 습관이라는 것이 하루아침에 만들어지는 게 아닌가 싶다. 황창연 신부님의 유튜브를 보면 통장에 오백만 원만 남기고 잘 먹고 잘 놀고 삶을 후회 없이 살라고 말씀을 하신다. 교우분들이 고백소에서 고백을 하면 하나같이 못 입고 못 먹고 고생하다 살만해서 여행가려니 병마가 덮쳐서 죽을 일만 있다고 해서 힘들게 살지 말라는 말씀이신 것 같다. 가슴이 떨릴 때 여행을 가야지 다리가 떨릴 때 가면 안 된다고 말씀하신다.
　나는 요즘 괜스레 눈물이 떨어질 것 같다. 남편과 취미나 취향이 맞으면 참 좋은데 나하고는 취향이 정반대다. 무슨 이야기를 하면 안 된다고 잘라서 말하기 때문에 나이도 칠십 줄에 섰고 남편은 팔십을 바라보는 나이인데 괜히 서글퍼진다. 아들만 둘이니 그렇게 살갑지도 않고 할 말만 하니 식구들과의 대화에 여유와 낭만이 없다. 자식들이 일을 열심히 하고 잘 살아주는 것은 고맙지만 인생살이에 있어서 여유가 없다. 내가 지금 욕심을 부리는 걸까. 산다는 것은 만만치가 않다는 것을 실감한다. 욕심을 내지 말자. 지금 내가 처한 것에 감사하며 살자.

폴 모리아 연주곡을 들으면 장마철인 요즘에도 엔돌핀이 팍팍 나온다. 낭만과 함께하니 즐겁고 한층 업그레이드된다. 장마가 한 달은 가겠지. 지금의 집은 24평이지만 한 오백 평쯤 되는 곳에 살고 있는 느낌이다. 기쁨과 즐거움이 있는 에덴동산에서 나는 행복하다. 비와 바람과 눈을 막아주셔서 참으로 감사하다. 나의 행복을 아는지 폴 모리아 연주곡이 힘차게 아름답게 파도를 가르며 연주하고 있다. 각자의 삶 속에서 우리는 살고 있지만 모난 사람, 뾰족한 사람, 둥근 사람이 함께 어울려서 살아가고 있다. 이 중에서 나는 둥근 모양을 한 모습 속에서 살고 싶다. 비가 올 듯 말 듯 내 마음을 흔들지만 아름다운 음악 선율에 맞춰 오늘도 감사하며 살련다. 세상은 아름답고 무지갯빛이다.

삼십 대 중반에 세상을 떠나신 엄마

 나를 지금까지 지탱케 해주는 것 또한 나의 아들들이다. 수십 년 전에 이혼하려고 마음을 먹었는데 나의 아들들이 어떻게 될까 생각하니 마음을 다시 돌릴 수 있었다. 나를 낳아준 엄마의 사랑과 아버지의 무한한 사랑을 받아서 난 남자에 대해 별 관심이 없다. 이런저런 생각을 하면 가정을 놓고 싶지만 내 새끼들에게 외로움을 물려주지 않으려고 많이 참았다. 이제 와서 이런 글을 쓰는 게 우습지만 정조 관념이 없는 남자와 여자는 사람처럼 안 보인다.
 문득 엄마가 보고 싶다. 내가 3살, 칠성이가 2살 때 엄마가 우리를 좌우로 껴안고 아버지는 방에서 술에 취해 소리 질러가며 술주정하니 엄마가 부엌 부뚜막에 앉아 우리를 끌어안고 밤을 지새우던 모습이 문득 떠오른다. 아버지는 젊은 시절부터 주사가 심했다. 가족들의 생활비를 벌기 위해 밤잠도 못 자고 밤에는 조개탄을 캐기 위해 일을 하고 아침에는 술을 담가 팔아서 생활비를 벌기 위해 악전고투했다. 아스라이 오늘 생각이 나서 엄마를 떠올려본다. 삼십 대 중반에 세상을 떠나신 엄마. 보고 싶고 그리워서 울면서 이 글을 쓴다.

나를 애지중지 사랑해주셨던 나의 엄마. 지금은 벽제에 누워 육체는 흙으로 영혼은 하늘로 가서 눈물을 흘리는 나를 지켜보시겠지. 가엾은 그리운 엄마!

소화가 잘되지 않는 이치를 깨닫다

　추석에 아들들과 손자, 며느리들까지 다 모여서 함께 음식을 나누며 행복하게 보냈다. 금진이가 토요일임에도 불구하고 주님의 말씀을 보내주었다. '내일 일을 위하여 염려하지 말라. 내일 일은 내일에 염려할 것이요 한날의 괴로움은 그날로 족하니라' 라는 말씀을 보내주었다. 10월이면 퇴직연금이 끝나는 달인데 몇 달 전부터 걱정을 하고 있었는데 이렇게 좋은 말씀을 주시니 감지덕지다. 또한 나의 마음을 말씀으로 깨닫게 사람을 통해서 역사하시는 주님께 감사할 따름이다. 내 친구들 중에서 가장 정이 많은 나의 친구 금진이 너무 배울 점이 많고 나하고는 사돈이 될 것 같다. 찬호하고 소연이 일체·일치를 주신 성모님. 그냥 지나쳐버리기에는 또렷한 말씀이었다.
　소화가 잘되지 않아 병원을 자주 다녔는데 주님께서 이치를 깨닫게 해주셨다. 소식하는 것을 알게 되어 그대로 실천했더니 소화도 잘되고 밤에 화장실 가던 것도 줄었다. 오늘은 주일이라 남편이 삼각지 성당에 미사 참례하러 갔다. 내 남편이지만 살면 살수록 진솔하고 흙 속의 진주 같은 남편이다. 나이 들수록 다정다감하고 이해와 배려를 많이 해준다. 올해는 여름이 너무 더워서 한 달을 더한 여름이었는데 며칠 비가 온 후론 가을 날씨로 접어들었다. 지방에는 폭우로 많은 피해가 더했다고 한다. 나는 서울 용산에서 태어나서 용산사람한테 시집을 가서 용산에서 아이들을 낳았다. 비도 많이 오지 않고 안전한 곳에서 살게 해주신 하느님께 감사드린다.

이래서 시니어 소리를 듣는가 보다

어제는 꿈을 꾸었는데 남편이 반지를 주어서 오른손에 꼈더니 반지가 3개이고 반짝거리며 빛이 났다. 언니한테 꿈 해석을 해달라고 했더니 태몽 꿈이란다. 작은며느리가 어서 빨리 아기를 가졌으면 하는 바람으로 묵주기도를 드렸는데 그것에 응답해주시려나 보다. 5mm 정도 비가 왔는데 어제와는 확연히 다른 기온이다. 오늘은 5도 정도 떨어져서 날씨가 쌀쌀하게 느껴진다. 나는 더운 여름은 적응하기가 힘들어서 추운 겨울이 좋다. 내 얼굴이 칠십을 넘더니 하루하루가 달라진다. 한 번 아프면 늙은 티가 나서 좀 싫다. 이래서 시니어 소리를 듣는가 보다. 그래도 나를 십 년 젊게 보는 사람들이 많다. 육십 대 초반 아니면 오십 대 후반이라고들 한다. 나한테는 칠십이 안 올 줄 알았다. 하지만 세월을 훌쩍 뛰어넘어 칠십 줄에 서보니 기가 막힌다. 세월의 흐름을 누구도 막지 못하니 그 모든 게 자연의 섭리이다. 내일은 작은아들과 남편과 함께 삼각지 못자리를 보러 가기로 했다. 삶과 죽음은 종이 한 장 차이인 것 같다.

내세에도 함께 할 묫자리를 예약하다

　오전 9시까지 작은아들이 차를 갖고 와서 파주 삼각지 성당 하늘묘원에 도착해보니 이미 관리소장님이 묘를 미리 봐두었는지 안내를 해주어 가보니 자리가 너무 쾌적하고 햇빛이 잘 비추어서 포근하니 마음에 들었다. 묘지 번호는 AEB58-2(5평) 남편과 내가 언제 갈지는 모르지만 기분이 날아갈 듯이 기쁘다. 우리 집도 좋지만 묫자리가 더 좋은 것 같다. 오늘 예약하고 왔는데 신부님 사인이 떨어져야 절차를 밟고 양도증이 나오는 것 같다. 내세에도 남편과 함께 할 자리를 예약해서 마음이 좋다. 오전에 사과 하나 먹고 버텼더니 현기증이 나고 어지러워서 혼났다. 잠깐 멍하게 있었다. 우리 시어머니는 참 똑똑하고 부지런한 분이셨는데 시아버님이 받쳐주지 못해서 희생만 하다 돌아가셨음을 못내 아쉬워하며 주님께 기도를 드린다. 동생 선란이가 택배로 누룽지를 보내왔는데 어찌나 무겁던지 한 7kg 나가는 것 같다. 한 번 굽는 데 1시간이 들었다 한다. 일단 그릇에 몇 개 넣고 끓였더니 구수한 냄새와 맛이 기가 막혔다. 하나도 버릴 게 없고 못하는 것이 없는 동생이다.

헨리 데이비드 소로우와 Bee Gees

나도 헨리 데이비드 소로우처럼 글을 잘 쓰고 싶다. 지금까지 서울 태생에다가 서울에서만 살다 보니 자연에 대해서 무디다. 아는 거라곤 아파트 베란다 밖에서 보이는 이름 모를 나무들과 풀들이고 내가 키우는 나무와 화초들뿐이다. 별로 경험도 없고 사람들이 감동할 만한 글을 쓴 적도 없다. 글을 쓰려면 전국을 돌아다니고 여러 가지 경험도 하고 세계적으로 돌아다니면서 느낀 점을 쓴다든지 하는 획기적인 일들이 있어야 하는데 어느 여염집 아줌마들처럼 평범하게 사는 게 전부다. 그래도 든든한 글은 못 되지만 하루하루 살아나가는 글만 쓰는 것도 글이라고 생각한다. 다르게 말하면 종이와 커뮤니티를 하는 것이다.

나는 팝 그룹 중에 Bee Gees를 참 좋아한다. 음악적 재능이 뛰어나고 Voice Color가 섹시해서 Bee Gees를 좋아한다. 가을이 오는 길목에서 베란다 창문을 열고 가을의 냄새를 맡으며 글을 쓰는 게 좋다. 동백나무가 며칠 있으면 꽃이 필 거라고 나에게 소곤거린다. 붉디붉은 색깔이 내 입술과 같다. 가을이 오는 길목에서 기쁨을 주심에 환한 미소를 띤다. 주님, 감사합니다.

콩나물국밥

　초등학교 때 친구가 초대를 해줘서 친구네 집에 갔다. 가자마자 배가 고팠는지 친구는 큰 대접에 콩나물국을 밥과 같이 갖고 왔다. 나도 구수한 콩나물국밥을 먹겠구나. 잘됐다 싶어 침을 삼키고 있는데 친구는 먹으라는 말도 없이 혼자 맛나게 콩나물국을 밥에 섞어 냄새만 풍기며 혼자서 잘도 먹었다. 나는 자존심 때문에 같이 먹겠노란 말을 숨기고 배부른 척했다. 지금 생각하니 엄마 일찍 돌아가시고 온종일 굶는 게 일상이 되어버려 남들이 먹는 거 보면 군침만 흘렸을 뿐 배속에선 꼬르륵 소리만 나고 인정을 베푸는 사람이 거의 없었다. 초등생일 때 거의 밥을 굶다시피 했다. 그 와중에도 지켜주신 분은 주님이시다.

아버지와 술

　추운 겨울에 2홉짜리 소주를 옆에 끼고 일찍 죽은 아내를 그리며 알고 있는 집을 차례대로 돌아가며 문을 두드리신다. 술 한잔하자고. 한이 맺히셨는지 함경도 사투리로 술에 기대어 마음을 털어놓곤 하셨다. 얼큰하게 취기가 올라오면 친구 집을 나오셔서 집으로 오셨다. "둘째 딸 일어나서 노래 한 곡 해" 하시면 잠자던 나는 벌떡 일어나서 아버지의 18번 '맹꽁이 타령'을 구성지게 부르며 아버지의 마음을 달래드렸다. 내 노래가 위로가 되었을까. 아버지의 말씀은 하늘의 말씀으로 무조건 순종하였다. 어렸을 때는 잠 좀 푹 자봤으면 소원이 없겠다 생각했는데 아버지 떠나신 지 수십 년이 된 지금은 아버지가 그립다. 생전의 그 목소리가 너무 그립다.

　벽제에 엄마가 계신다. 보고프면 난 벽제 꼭대기로 올라가서 실컷 울어본다. 서른네 살에 언니와 나를 남기고 엄마는 하늘로 오르셨는데 어떻게 눈을 감으셨을까. 한창 엄마의 손길이 필요한 나이인 7살 나와 11살 언니. 엄마는 쉽게 눈을 감을 수 있었을까. 한 남자 어르신이 엄마의 관을 못으로 내리칠 때마다 언니와 난 몸서리치게 울어대었다. 그리도 빨리 가고 싶었을까. 엄마가 살아있다면 장애인이 되었어도 감사했을 텐데 엄마가 돌아가시고 난 외로움을 빨리도 느끼며 살아왔다. 그나마 언니가 있었기에 의지하며 세월을 보낼 수 있었다. 엄마의 묘비 번호는 600735이다. 그래도 엄마가 벽제에 있음에 감사하다. 보고픈 엄마, 보고 싶음을 눈물로 대신합니다. 빛나는 예수님의 얼굴을 뵈옵소서, 나의 어머니!

용서는 나를 구하는 방편

언니하고는 등지고 살려 했는데 사람의 마음은 알 수가 없다. 마음 한구석이 빈 것 같고 허전하니 누구의 잘잘못을 떠나서 핏줄이라는 게 참 묘하다. 성도 내보고 악담도 해보고 혼자서 욕도 해봤지만 그만큼 내 맘속에 언니의 존재가 깊이 박혀 있다는 것을 알았다. 내가 먼저 전화하고 안부를 묻고 주님께 언니에 대해 험담했던 모든 것을 회계하며 용서를 구했다. 기도하고 나니 마음이 시원해지며 또한 용서는 나를 구하는 방편임을 느꼈다. 인간은 혼자서는 살 수 없고 독불장군이 없다는 것과 더불어 살 때 모두가 행복한 삶을 살 수 있지 않을까 한다.

어제부터 소화가 안 되어 밤에 약을 먹고 잤는데도 2시간을 자고 새벽 5시쯤에 눈을 뜨니 잠이 오질 않았다. 요즘 방송에서 레몬즙이 좋다고 하길래 어제 영등포 나간 김에 사서 하나를 물에 희석해서 마셨는데 나하고는 맞지 않는지 소화도 안 되고 잠도 오지 않아 애를 먹었다. 다시는 레몬즙을 먹지 않기로 결심했다. 본죽에서 죽을 먹고 기운이 없었는데 곡기가 들어가니 조금 괜찮은 것 같다. 시어머니께서 쌀이 지팡이라고 하시던 말씀이 생각난다. 계속 죽을 먹으며 보내다가 밤에 약을 먹고 자는데도 잠이 오질 않았다. 큰며느리가 추석에 갖고 온 불고기를 김치에다 얹어서 먹었더니 잠이 잘 왔다. 배가 고프면 잠이 오지 않는 걸 보면 몸이 참 희한하다. 이젠 시원한 게 낮에만 더위를 느낄 뿐 아침저녁으론 가을이 온 듯 시원하다. '사람이 교만하면 낮아지게 되겠고 마음이 겸손하면 영예를 얻으리라 사람을 두려워하면 올무에 걸리게 되거니와 여호와를 의지하는 자는 안전하리라' 오늘 금진이가 보내온 말씀은 항상 낮아져야 하고 주님께 의지하는 자가 되어야 함을 일깨워 주었다.